재수없는
미워어도 신료받는 어서는안되
KBS

재수없는
미없어도 신료받는 어서는 안 되
KBS

KBS 9시 뉴스 앵커가 직접 TV 수신료를 걷는 이유

김철민 지음

différance

꽤 오랫동안 방송 기자들에게 KBS 뉴스는 넘기 힘든 벽이었다. 기자들 숫자가 다른 방송사들보다 훨씬 많았고, 훈련도 잘돼 있었다. 덕분에 월등한 취재력을 바탕으로 대형 특종도 많이 했을 뿐 아니라, 탐사보도의 질이 대단히 높았다. 특히 재난 방송에서는 말 그대로 족탈불급이었다.

뉴스뿐만일까. 수준 높은 다큐멘터리와 스케일 큰 역사 드라마, 진솔하고 친근한 느낌의 교양, 예능 프로그램들은 공영방송 KBS의 상징이었다. '소중한 수신료를 받는 국민의 방송'이라는 KBS 사람들의 자부심이 나는 늘 부러웠다. KBS에게 수신료는 단순히 재정 수입이 아니라 힘의 원천이었고, 삼손의 머리카락이었다.

그랬던 KBS, 경쟁 방송사들에게 난공불락의 성이었던 KBS가 지금은 종이호랑이로 전락했다. 공영방송을 전리품으로 여긴 윤석열 정권은 '수신료 분리 징수'라는 비열한 무기로 KBS를 협박했고 구성원들은 힘없이 무릎을 꿇었다. 대통령의 술친구, 디올백을 '파우치'로 불렀던 아첨꾼이 연달아 낙하산 사장으로 투하됐고, 조직의 힘은 처참하게 무너져 내렸다. 능력 있고 기개 있는 언론인들은 마이크와 카메라를 빼앗긴 채 좌천되고 유배되어 전국 각지로 뿔뿔이 흩어졌다. 시청자들은 변화를 금방 알아챘다. KBS 신뢰도와 경쟁력은 추풍낙엽처럼 급강하했다. 10여 년 전 MBC가 '엠빙신'으로 불리며 끝없이 추락했던 것처럼….

김철민 앵커도 KBS 뉴스의 경쟁력을 이끌던 신망 있는 기자였다. 나와는 같은 해에 입사했기에 그 능력과 리더십을 잘 알고 있었다. 그가 9시 뉴스 앵커로 활약할 당시, 마침 나는 MBC 보도국장을 맡고 있었다. 매일 밤 그의 힘 있는 목소리를 들으며 우리 뉴스가 놓친 것은 없는지 잔소리하던 기억이 생생하다. 그랬던 그가 경기도 북부에서 수신료를 징수하는 부서로 쫓겨났다는 소식을 들었을 때, 해직 기자로 6년을 보낸 내게는 남의 일 같지 않았다. 동병상련. 그의 처지가 가슴 아팠고, KBS의 상황이 안타까웠다.

그러나 그는 무기력하게 주저앉아 있지만 않았다. 조선 왕조 최고의 문신 정약용이 전남 강진으로 유배당한 뒤 『경세유표』, 『목민심서』 등 백성을 위한 방대한 저술을 남긴 것처럼, 30년 베테랑 기자의 내공으로 낯선 경험을 차곡차곡 기록하고 범상치 않은 사유를 진솔하게 정리했다. 그 결과물의 제목이 의미심장하다. 〈재·수·없·는 KBS〉.

　책장을 넘길 때마다 앵커 김철민의 목소리가 또렷하게 들리는 것 같다. 그 목소리는 국민의 신뢰를 잃어버린 공영방송 언론인의 처절한 반성이자 진심 어린 호소였다. 머리카락을 잘린 삼손의 피맺힌 절규였다. 정작 반성하고 용서를 구해야 할 이들은 뻔뻔한 얼굴로 여전히 KBS를 망가뜨리고 있는데. 정권교체로 세상이 바뀌자 언제 그랬냐는 듯 또 눈치를 보며 살아남으려 안간힘을 쓰고 있는데….

　KBS는 돌아와야 한다. 그 소망을 위해 김철민은 결연한 의지의 끈을 놓지 않는다. 이 책은 수신료와 관련된 온갖 민원을 해결하고, 다양한 시청자들과 부딪히고 소통했던 에피소드들의 생생한 기록이기도 하다. 저자는 엄청난 독서량을 바탕으로 그 에피소드 하나하나를 문학 작품과 교합시켜 공감의 틀을 구성해 냈다. 그 진정성과 필력에 감탄하다 보면 'KBS의 주인은 권력이 아니라 국민'이라는 것을 저절로 깨닫게 된다. 저자는 조심스럽게 희망을 이야기한다. 그가 세상에 건넨 이 기록이 공영방송의 미래, 수신료의 가치에 대해 진지한 논의를 시작하는 데 작은 밀알이 되었으면 좋겠다고….

　그 논의가 시작될 때쯤 '수신료 걷던 9시 뉴스 앵커 김철민'도 여의도로 돌아와 '국민의 방송' 재건을 위해 불철주야 뛰고 있는 모습을 보고 싶다. '돌아온 KBS'가 국민 신뢰를 놓고 MBC와 다시 치열한 경쟁을 벌이는 광경을 흐뭇하게 지켜보고 싶다.

— 박성제 前 MBC 사장
『MBC를 날리면』의 저자

현재의 KBS를 바라보는 국민들의 시선은 보수와 진보를 가리지 않고 크게 다르지 않습니다. 굳이 수신료를 낼 정도로 우리한테 필요한 방송국이야? 적어도 밖에 있는 저는 그렇게 느껴지고 있습니다. 공영방송을 아예 없애겠다고 술친구(?)를 내리꽂았는데 KBS 내부 구성원들이 별다른 저항 없이 받아들였다는 사실을 국민들은 알고 있습니다. 스스로 돕지 않는데 우리가 왜 도와줘야 하나? …

돌아선 국민들의 마음을 다시 되돌리기 쉽지 않을 겁니다. 변명할 필요 없습니다. 수신료 내달라고, 그리고 올려 달라고 구걸할 필요도 없습니다. 보여 주면 됩니다. 공영방송이 왜 필요한지 앞으로 보여 주면 됩니다. 그 시절 세상을 바꿔 보자고 함께 웃고, 함께 꿈을 꿨던 기자 김철민의 모습이 떠오릅니다. 이 책을 통해 KBS가 조금은 덜 재수 없게 됐으면 하는 바람입니다.

— 홍사훈 前 KBS 기자
『분노가 세상을 바꾼다』의 저자

프롤로그

수신료 2,500원은 정녕 태산보다 무겁다

수신료국 가던 날

어느 겨울날 지하철 안에서 손뜨개질하는 모습을 오랜만에 목격했다. 서른도 안 되어 보이는 앳된 얼굴의 여성이라 더욱 신선했다. 휴대전화 액정에 시선이 붙들려 있는 지하철 승객들 한가운데서 그녀는 내 맞은편 바로 앞자리에 앉아 있었다. 가방 안에 웅크리고 있던 검정색 털실 뭉치가 대나무 바늘 끝에 매달려 술술 풀려나오면서 한 땀 한 땀 폭신한 목도리로 변신하고 있었다. 시간과 정성을 한 방울씩 엮어 내면 목도리가 되고, 털장갑이 되고, 모자가 되고, 무엇이든 될 수 있음을 그제야 문득 깨달았다.

한 달 한 달이 하루처럼 흘렀다. 늙어서 그런 것도 있으려니 와 KBS 수신료국에서 보낸 시간이 그만큼 숨 가쁘고 고단했을 것이다. 나는 평생 책을 쓸 일이 없는 사람이라 생각해 왔다. 글이란 형식으로 무엇을 풀어낼 만큼 특별한 능력이나 업적, 경험이랄 게 없다고 생각했다. 기자는 기사로만 말한다는 신념을 지키는 게 줄곧 옳다고 믿으며 살아왔다. 30년 넘게 방송기자로 지내면서 여러 사람을 만나 고단한 취재를 했고 무수히 많은 기사를 써왔지만 그건 어디까지나 성스러운 밥벌이의 영역이었다. 2024년 초겨울 유난히 밤바람이 사납게 몰아치던 어느 일요일이었다. 집에 있던 나는 갑작스레 날아든 휴대전화 한 통으로 진행하던 TV 프로그램에서 앵커 하차 통보를 받았다. 그리고 KBS 수신료국으로 내몰렸다. 그 일이 없었다면 이 책은 세상에 나오지 못했다. 방송 취재와 제작 현장에서 평생 맴돌았던 내게 수신료국 근무는 유배지 귀양살이와 다를 바 없었다.

다산(茶山) 정약용은 조선 후기 개혁 군주 정조가 조선왕조 전체를 통틀어 최고의 문신이라 평가하며 총애했던 인물이다. 그러나 정조가 급사한 이후 '신유박해(辛酉迫害)' 때 천주교에 연루됐다는 이유로 혹독한 국문(鞫問)을 받고 전남 강진으로 유배를 떠났다. 무려 18년간 계속된 귀양지 유배 생활 동안 정약용은 『경세유표』, 『목민심서』, 『흠흠신서』 등 정치·경제·사회·사상을 아우르는 5백여 권의 방대한 저술을 남겨 이른바 다산학(茶山學)을 집대성했다. 감히 정약용의 성품이나 업적을 넘볼 수 없거니와 그의 저술을 흉내조차 낼 수 없겠지만 문득 나도 유배지에서 일상을 기록으로 남겨야겠다는 생각이 들었다. 수신료국에서 나는 업무 시간이 끝나면 책을 읽고 글을 쓰는 것 말고 달리 할 일이 없었다.

수신료 2,500원은 왜 받나?

윤석열 정권은 출범 초기부터 언론을 순치(順治)하고 방송을 장악하려는 불순한 의도를 갖고 TV 수신료 분리 징수 정책을 전격적으로 시행했다. 이 때문에 KBS는 30여 년 만에 미증유의 큰 혼란을 겪었다. TV 수신료는 공영방송 KBS의 핵심 재원이다. 공영방송도 돈이 있어야 운영된다. 공영방송 재원을 상업광고에 의존하면 기업들 눈치를 보게 되고 재벌을 옹호하게 된다. 정부 예산으로 충당하면 정부 압력에서 자유롭지 못하고 정권 홍보에만 열을 올리게 된다. 기업이나 정부 압력에서 벗어나 객관적이고 공정하면서 품위 있는 방송을 만들기 위해 세계의 많은 나라들은 국민 즉 시청자 주머니에 의존해서 공영방송이라는 제도를 운용하고 있다. 우리나라는 1980년에 컬러TV가 본격적으로 도입되면서부터 한 달 2,500원이 책정됐고 45년째 동결돼 있다. 1994년부터는 한국전력을 통해 'TV 수상기를 소지한 사람'을 대상으로 월 2,500원씩 수신료를 전기요금과 합산하는 방식으로 통합 징수해 왔다. 징수자와 납부자의 편의성을 높이고 공영방송 재원을 안정시켜 사회통합과 공동체 발전에 기여한다는 취지로 정부와 국회, 전문가 집단, KBS와 시청자들이 수년간 치열한 공론화 과정을 거쳐 만들어 낸 가장 효율적인 제도였다. 공동체를 구성하는 여러 주체들이 긴밀한 조정과 합의 과정을 거친 끝에 도출해 낸 일종의 모범답안이었다. 그 이후에도 TV 수신료 징수와 징수 방식을 둘러싼 논쟁이 간간이 제기됐지만 헌법재판소와 대법원 판결로 해묵은 논란은 정리됐다.

　　2008년 2월 헌법재판소는 결정문(전원재판부 2006헌바70)에서 "수신료는 공영방송의 재원을 안정적으로 확보하기 위하여, 한국방송공사가 수행하는 각종 방송 문화활동의 수혜자인 수상기 소지자에게 부과되는 부담금으로서 입법목적의 정당성이 인정되고, 공영방송이 국가나 각종 이익단체에 재정적으로 종속되는 것을 방지할 뿐만 아니라 공영방송 스스로 국민을 위한 다양한 프로그램을 자기 책임하에 형성할 수 있는 계기를 제공해 준다는 점에서 입법목적을 달성하기 위한 효과적이고 적절한 수단으로 볼 수 있다"고 판시했다. 아울러 "수신료는 공영방송 사업이라는 특정한 공익사업의 소요경비를 충당하기 위한 것으로서 (중략) 수상기를 소지한 특정 집단에 대하여 부과되는 특별부담금에 해당한다"고 수신료 징수의 정당성을 거듭 확인했다. 대법원은 2016년 전기요금 통합 고지라는 징수 방식도 적법하다고 판결(대법원2016두44100)했다.

시청자들에게 징수한 수신료는 한국전력에 위탁 수수료 6.15%, EBS에 배분금 3%를 나눠 주고 나머지는 모두 KBS의 공적 책무를 수행하는 데 필요한 재원으로 쓰인다. 국가의 위상을 나타내는 대표 공영방송으로서 국제 단파방송과 장애인 등 소외계층 대상 방송, 대북 방송, 클래식과 국악 등의 고전음악 방송, 한국어 교육 방송 등의 공적 기능을 수행한다. KBS 1TV와 2TV, 위성방송 'KBS KOREA'와 'KBS WORLD', KBS 1라디오, 2라디오, 1FM, 2FM, 장애인과 소외계층을 위한 제3라디오 〈사랑의 소리 방송〉, 북한 동포와 북방 동포를 위한 〈사회교육방송〉, 10개 언어로 송출되는 〈국제방송〉 등 국가기간 방송의 역할을 수행하는 데 수신료가 사용된다. 장애인과 해외동포, 북한 이탈주민, 주한 외국인, 다문화 가정, 산간벽지와 낙도지역 등 사회적 약자와 소수자들을 배려하고 통합하는 각종 프로그램을 만드는 데 사용된다. 또 재난 재해 주관 방송사로서 각종 자연재해나 사회적 재난 상황에 대비해 예방적 활동과 신속한 재난정보 전달, 피해 복구 활동을 지원하는 데도 소중한 수신료가 쓰인다.

수신료 분리 징수의 검은 속내

윤석열 정권은 KBS의 목줄인 재원 문제를 붙잡고 흔들어 KBS를 다스려 보겠다는 저열한 의도로 수신료 분리 징수 정책을 일방적으로 밀어붙였다. 명목상으로는 시청자의 납부 선택권을 존중하겠다며 변변한 공론화 과정도 없이 손바닥 뒤집듯 방송 정책을 일순간에 뒤집었다. 2023년 6월 방송통신위원회는 수신료 분리 징수를 위한 방송법 '시행령' 개정안을 입법 예고했다. 이 과정에서 방통위는 "수신료 분리 징수로 인해 법상 '수신료 납부 의무'가 면제되는 것은 아니"라며 수신료 납부 의무에 대해 명시적으로 인정하면서도, 수신료를 미납해도 불이익이 없을 것이라고 거듭 강조했다. 방통위 설명대로라면 많은 국민들은 수신료를 적십자회비처럼 강제성이 없는 기부금 정도로 인식할 가능성이 높았다. 방통위는 수신료 수입이 현저하게 떨어질 가능성이 높다는 걸 잘 알면서도 '국민의 편익과 권리 신장'이라는 자의적 이유를 들며 분리 징수 정책을 강행했다.

국세든 지방세든 세금은 납세자가 납부 여부를 임의로 선택할 수 없는 공권력의 강제 행위다. 세금을 체납하면 혹독한 가산세를 물리고 어디로 도망가든 지구 끝까지라도 쫓아가 추징하면서도 특별부담금이자 준조세인 TV 수신료에 납부 선택권을 부여한다는 말은 '뜨거운 얼음'이요 '깜깜한 햇볕'이라는 형용모순이다. 윤석열 정부의 방송통신위원회는 수신료 통합징수의 근거였던 방송법 조항을 국회에서 개정하지 못하자 하위 규정인 방송법 '시행령'을 슬쩍 고치는 변칙과 꼼수를 부려 수신료 분리 징수 정책을 강행했다. 하위법인 시행령 조항으로 상위법인 방송법 취지를 거스르는 위헌적 조치를 보란 듯이 자행했다. 이 때문에 대법원 확정판결에도 불구하고 TV 수신료 징수에 대한 사회적 논란은 완전히 가라앉지 않고 있다. 방송의 공공성에 기반한 제도로서의 공영방송에 대해 완전한 사회적 합의를 만드는 일은 매우 힘겹고 어려운 과정이다. 공영방송의 사회적 효용이 완전한 종말을 맞았다는 공론적 합의가 내려지기 전까지는 TV 수신료는 존재해야 마땅하다.

물론 TV 수신료가 아까워서 못 내겠다는 개별 시청자들 선택도 존중받아야 한다. 그러나 시청자들에게 TV 수신료를 부담하도록 안내하고 고지하고 징수하고 납부하는 행위 자체는 어느 하나도 선택의 영역이 아니다. 분리 징수 정책을 통해 납부의 자율성을 부여한다는 제도는 마치 수신료를 내지 않아도 되는 것처럼 시청자들을 오해하도록 만들었다. 분리 징수 정책 시행으로 수십만 명의 체납자와 수백억 원의 미납금, 가산금이 양산됐다. 한국전력과 KBS, 아파트 관리사무소, 개별 시청자 등 수신료 징수와 납부 주체들 사이에 시끄러운 행정 잡음을 발생시켜 사회적 비효율을 급증시켰다. 수신료 분리 징수 정책 시행으로 KBS는 어느 때보다 심각한 존립의 위기를 맞이했다. 조직 경쟁력이 급속히 추락했으며 구성원들은 큰 혼란을 겪었다. 공영방송을 뒤흔든 대혼란의 소용돌이 속에서 윤석열 전 대통령의 낙하산을 타고 박민 전 사장이 내려왔고, 이어 '파우치' 대담 방송으로 KBS를 용산에 헌정한 박장범 사장이 임명됐다.

하필 왜 나였을까?

수신료 분리 징수 정책이 전격적으로 시행되자 KBS 수신료국은 실무적인 세부 절차를 시행하기 위해 관련 업무가 폭증했다. 기존의 수신료국 관리 인원만으로는 갑작스러운 분리 징수 업무를 원활하게 수행할 방법이 없었다. 업무 폭증에 따른 비명이 쏟아지자 경영진은 제작 전문 인력을 수신료국에 강제 배치하는 꼼수를 부렸다. 윤석열의 술친구 박민 전 사장과 '파우치' 박장범 사장은 "현재의 KBS 위기를 극복하기 전까지 수신료국 재배치는 계속될 것"이라며 두 차례에 걸쳐 방송 제작 전문 인력 2백여 명을 수신료국으로 강제 발령조치했다. 뚜렷한 선발 절차나 기준은 없었다. 전임 정권, 전임 사장 시절 주요 직책을 담당했던 보직자들과 방송 진행자, 기자, PD, 아나운서, 카메라맨 등 윤석열 정권에 비판적이고 조직에 밉보인 사람들을 선별적으로 솎아 냈다. 대형 다큐멘터리나 대하 사극을 기획하고 연출하던 PD, 주요 뉴스와 프로그램을 진행하던 앵커와 기자, 아나운서, 카메라맨들은 어느 날 갑자기 강제로 수신료국에 내몰렸다. 방송 제작 전문가 2백 명이면 작은 방송국 하나를 거뜬히 운영하고도 남을 만한 막강한 인력 규모다. 창의적이고 감동적인 콘텐츠 제작에 투입돼야 할 전문가들이 수신료를 걷고 각종 민원을 응대하는 일에 소진되고 있다. 이런 현실을 두고 어느 정치인은 이렇게 말했다. 이것은 '미친 짓'이라고…. 서늘한 광기와 보복의 칼날은 나를 한 치도 피해 가지 않았다. 전임 정권에서 KBS의 밤 9시 뉴스 메인 앵커였던 나는 윤석열 정권 출범 이후 자행된 공영방송 탄압과 보복의 상징적 존재와도 같았다.

　이 책은 TV 수신료 분리 징수라는 한 편의 거대한 부조리극이 시청자들 일상에 어떻게 투영됐는지 증언하는 생생한 내부자 경험담이다. KBS 수신료국에서 일상처럼 겪었던 개인적 경험을 공영방송 TV 수신료라는 사회적 의제로 확장시켜 보고자 시도한 자그마한 노력이라고도 할 수 있다. 또는 분리 징수 정책 시행 이후 공영방송 KBS의 존재 이유와 수신료 징수의 정당성이 수신료국 일선 업무 현장에서 번번이 부정당하는, 시대적 모순에 대한 증언이 될 수도 있겠다. 아울러 흔적기관처럼 퇴화해 가고 있는 공영방송 KBS에 마지막 숨구멍을 열어 보고자 하는 절박한 외침이 될 수도 있다. 이런 거창한 시도가 행여 가당치도 않다면 방송기자이자 TV 뉴스 앵커로서 인생의 정점을 지나쳐 내려가는 한 개인의 가파른 내리막길 기행문이 되어도 좋겠다.

돌고 돌아 다시 제자리

　2025년 4월 윤석열 전 대통령 파면 이후 우여곡절 끝에 TV 수신료 통합 징수를 내용으로 하는 방송법 개정안이 두 차례의 거부권 파도를 넘어 마침내 국회 본회의에서 재투표를 거쳐 가결됐다. 윤석열 정권이 일방적으로 강행한 TV 수신료 분리 징수 정책이 1년 9개월 만에 다시 원상 복구됐다. 지난 2년간 수신료 징수를 둘러싸고 벌어진 사회적 혼란과 비효율은 윤석열 정권 출범 이후 우리 사회 곳곳에 오물처럼 노정(露呈)된 거대한 퇴행의 편린(片鱗)에 불과했다. KBS에 30년을 몸담아 온 구성원의 한 사람으로서 수신료 징수 현장의 경험담을 쓰다 보니 내부자적 시각 편향에서 자유로울 수 없었다는 점을 고백하지 않을 수 없다. 독자들의 비판 어린 시선을 기꺼이 감내하면서 한 땀 한 땀 털실을 엮어 목도리를 뜨는 마음으로 KBS 수신료국에서 벌어지는 일상을 기록했다. 이 책 곳곳에서 언급되거나 인용된 소설 등의 작품에 일부 스포일러가 포함돼 있음을 미리 실토하며 작가와 독자들께 너그러운 용서를 구하고자 한다.

글을 쓰는 행위는 상처 입은 자아(自我)를 어루만지고 치유하는 일이라고 작가 은유는 그의 수필 『글쓰기의 최전선』에서 말했다. 전적으로 동감한다. 글을 읽거나 쓰는 건 더듬더듬 어두운 길을 찾아가는 여정이었다. 한국 소설의 거목 故 박완서 선생님은 20살에 6·25 전쟁을 맞았고 피붙이를 잃는 아픔을 겪었다. 몇십만 명이니 몇백만 명이니 하는 통계 숫자에 피붙이를 잃어버린 개별적 아픔이 도매금으로 매몰되는 상황을 견딜 수 없었다. 누군가의 부모이고 누군가의 형제이고 누군가의 아들딸인 피해자들의 개별성과 고유성이 부정당하는 현실을 용납할 수 없었다. 6·25 전쟁이라는 아픈 경험을 치유하고 극복하기 위해 글을 썼고 그런 경험이 없었다면 소설가가 되지 못했을 것이라고 말했다. 글쓰기는 "어려울 때마다 엄습하는 자폐(自閉)의 유혹으로부터 나를 구하고 세상에 대한 관심과 애정을 지속시켜 주었다"고 고백했다. 나 역시 수신료국 근무 경험이 없었다면 이 책을 쓰지 못했다. 수신료국에서 일어나는 일상을 기록하며 세상과 회사에 대한 애정을 확인했고 하루하루 위로와 치유의 여정을 보냈다. 살아갈 날에 대한 태도를 겸허하게 벼리면서 온전히 나에게만 집중하는 시간을 가졌다. 그러면서 덤처럼 큰 깨달음을 하나 얻었다.

"수신료 2,500원은 정녕 태산보다 무겁다."

추천사 • 004

프롤로그 수신료 2,500원은 정녕 태산보다 무겁다 • 008

첫 번째 기쁠 것도 슬플 것도 없다(24년 11월 13일) • 021
두 번째 어쩌란 말이냐? 흩어진 이 마음을… • 030
세 번째 돌격 앞으로… • 038
네 번째 수신료를 말소하라 • 046
다섯 번째 좋은 사람, 나쁜 사람 • 054
여섯 번째 거짓말의 색깔과 온도 • 061
일곱 번째 우회하지 말고 후회하세요 • 072
여덟 번째 지연된 정의(正義) • 079
아홉 번째 2,500원의 무게 • 086
열 번째 제국의 몰락 • 095
열한 번째 소통과 공감 • 101

열두 번째　있으나 마나 해도 없어서는 안 돼요 • 109

열세 번째　단순 변심은 안대요 • 116

열네 번째　일상에서 만나는 노래 • 123

열다섯 번째　호수에 달이 뜬다 • 130

열여섯 번째　이것은 물이다 • 140

열일곱 번째　헌책방 • 150

열여덟 번째　생일 선물 • 158

열아홉 번째　죽음의 의미 • 165

스무 번째　간첩 • 173

스물한 번째　진정한 사과 • 181

스물두 번째　탁란(托卵)새와 숙주새 • 191

스물세 번째　행복은 빈도(頻度)다 • 199

스물네 번째　주홍 글씨 • 209

스물다섯 번째　부끄러운 자화상 • 218

스물여섯 번째　아프다는 것에 관하여(On being ill) • 233

스물일곱 번째　'또라이' 질량 보존의 법칙 • 244

에필로그　작은 밀알이 될 수 있다면 • 254

첫 번째

기쁠 것도 슬플 것도 없다
(24년 11월 13일)

너무 슬퍼하지 말자

"일어날 일은 어차피 일어난다. 너무 기뻐할 것도 슬퍼할 것도 없다."

독일의 염세주의 철학자 '쇼펜하우어'의 말이다. 예고된 미래는 언젠가 반드시 현실이 된다는 뜻이다. 세상의 모든 일은 우주적 대의지에 의해 필연적으로 일어나므로 인생에 있어 크게 기뻐할 것도, 크게 슬퍼할 것도 없다고 설파했다. 인생을 살면서 좋은 일에 지나치게 기뻐하는 것도 경박하고, 나쁜 일에 지나치게 슬퍼하는 것도 부질없다고 말했다. 모든 일이 뜻대로 이뤄지면 인간은 오히려 권태를 느끼며 권태는 또 다른 형태의 고통이라고 표현했다. 권력의 정점에 있는 정치인이나 재벌, 인기 정상의 연예인이 종종 탐닉과 중독에 빠져 온갖 방종과 일탈을 저지르는 행태는 권태라는 큰 고통에서 벗어나려는 몸부림과 다를 바 없는 것이다. 그래서 인생은 "고통과 권태 사이에서 오락가락하는 시계추와 같다"고 비유했다. 인간은 욕망하는 존재이기에 본래 고통스럽다고 말했다. 즐거움도 괴로움도 모두 고통의 원천이므로 욕망을 극복하고 나의 삶을 살아 내야 한다며 희망과 긍정의 주체적 삶을 강조했다. 세상을 고통과 악이 지배하는 것으로 보는 염세주의 철학의 거장다운 가르침이지만 뭇 사람들은 선뜻 이해하고 받아들이기가 쉽지 않다.

    뉴스 편집업무 도중 보도본부장에게 전화가 왔다. 보도국 취재기자인 나를 TV 수신료국 수신료 관리원으로 발령 내겠다는 통보였다. 올 것이 왔구나 생각했지만 수신료국이라는 생소한 부서에 가는 일은 정말 내키지 않았다. 윤석열 정부가 TV 수신료 분리 징수 정책을 시행한 이후 KBS 수신료국 업무가 단기간에 폭증하는 바람에 방송 제작 현업에 있는 PD, 기자, 아나운서, 카메라맨 같은 제작 전문 인력들을 대거 수신료국으로 발령 내는 인사가 한창 진행되고 있었다.

    문제는 인사 발령의 불공정성이었다. 윤석열 정부에서 임명된 낙하산 사장과 경영진은 전임 정권, 전임 사장 시절에 주요 직책이나 보직을 담당했던 간부들을 솎아 내는 일종의 보복성, 징계성 수단으로 수신료국 인사 발령을 악용하고 있었다. 취재와 제작, 편집 업무를 평생 담당해 왔던 방송기자에게 수신료국 행정업무는 당장 아프리카로 이민을 떠나라고 강요하는 상황만큼이나 낯설고 생소했다. 고향 땅에서 쫓겨나 척박한 오지로 강제 이주를 당하는 이방인의 심정과 같았다. 그래서 단호하게 싫다고 했다. 그러자 누군가는 반드시 가야만 한다고 했다. 수신료국 업무가 매우 중요하고 단기간에 폭증하는데 보도본부에서 아무도 가려고 하지 않으니 나이 순서대로 고참 순서대로 가야 된다고 말했다. 무슨 종류의 배려(?)도 있다고 했는데 어떤 배려를 해주었다는 것인지는 지금도 이해할 수 없다.

나보다 나이도 많고 고참인 사람들이 윤석열 정권 출범과 동시에 버젓이 방송 제작 현직에서 주요 보직을 맡고 있는데 전임 사장 시절 9시 뉴스 앵커를 담당했고 보도국에서 주요 직책을 맡았다는 이유로 방송기자 업무와 전혀 관련이 없는 수신료국으로 쫓아내도 되느냐고 거칠게 항변하고 싶었다. 나와 함께 강제 발령을 내겠다고 지목된 인사들 면면을 보니 윤석열 정권에 비판적인 사람들, 전임 정권 당시 주요 보직을 맡았던 사람들만 따로 추려낸 선택적 나이순, 선택적 고참순이 분명했다.

분노와 억울함이 목구멍에 차올랐지만, 구차스러운 말을 입에 올리지 않았다. 대신 누군가 꼭 가야만 한다면 가겠노라고 말했다. 다만 내 의지에 명백히 반하는 부당 인사이고 기자 고유의 업무가 아닌 점에서 볼 때 불공정한 인사 발령임을 꼭 알고 있으라 답했다. 번잡한 소송이나 노동위원회 제소 같은 조치를 염두에 두고 한 말은 아니었다. 다만 이런 절차들이 떳떳하고 당연하게 이루어져서는 안 된다는 점을 꼭 짚어 주고 싶었다.

선발과 차별

이탈리아 현대문학을 대표하는 소설가 프리모 레비(Primo Levi)는 나치 독일 아우슈비츠 강제수용소에서 돌아온 생존 작가다. 그의 대표작 『이것이 인간인가』는 증언(證言) 문학의 원형이라 불릴 정도로 폴란드 아우슈비츠와 비르케나우 수용소에서 벌어진 잔혹한 유대인 학살과 인권유린 참상을 생생하게 고발하고 있다. 그는 수용소에 수감된 유대인들을 영혼이 없는, 존엄성을 잃어버린 텅 빈 벌레 같은 존재들이라고 표현했다. 수용소 유대인은 벌레들이기 때문에 인간으로서 지켜야 할 도덕률은 아예 없었다. 만인에 의한 만인의 투쟁과도 같은 아비규환의 지옥도가 날마다 펼쳐졌다. 거무스레하고 딱딱한 빵 한 조각과 멀건 양배추 죽 한 그릇이 하루치 식량의 전부였다. 지독한 굶주림과 치명적인 전염병, 혹독한 추위와 살인적인 강제노동에 시달리느라 유대인들은 하루 앞을 상상하는 것도 사치였다. 나치 SS 친위대원과 카포(유대인 간수)들은 아무런 분노도 없이 무시로 유대인 수감자들을 모질게 구타했다. 빵 한 조각 훔쳤다는 이유로 교수대에 목을 매달았다.

외곽 철조망 2m 이내에 접근하면 탈옥을 시도하는 걸로 간주해 경고 없이 그 자리에서 총살이 집행됐다. 수용소엔 늘 유대인 수감자들이 넘쳐났다. 일정한 때가 되면 '셀렉챠(Selekeja)' 이른바 '선발'이라 불리는 죽음의 행사가 펼쳐졌다. 비르케나우 수용소 독가스실로 끌려가 화장터에서 한 줌 잿더미로 사라질 수감자를 분류하는 최후의 심판 행사였다. 1만 5천 명이 넘는 수용자들은 실오라기 하나 걸치지 못한 알몸 상태로 줄지어 대기했다. 각자를 식별하는 카드를 한 장씩 들고 차례대로 일사불란하게 나치 SS 친위대원 앞으로 달려 나갔다. 신체검사는 신속하고 건조하게 진행됐다. 혈색이 좋지 않거나 자세가 구부정하거나 다리를 절룩거린다거나 상처가 심하게 감염됐다거나 안경을 낀 사람은 식별 카드가 왼쪽으로 넘어갔다. 그리고 그날 저녁이 곧바로 최후의 만찬이 됐다. 식별 카드가 오른쪽으로 넘어간 사람은 용케도 선발(?)에서 제외돼 일정 기간 종말이 유예됐다.

'고개를 꼿꼿이 세우고 가슴을 쫙 펴고 근육을 모두 긴장시켜 불거지게 하려고 애쓰면서 유연한 자세로' SS 친위대원 앞을 통과한 작가는 자신의 식별 카드가 오른쪽으로 넘어가는 걸 지켜봤다. 선발 행사를 무사히 치르고 숙소로 돌아왔을 때 막사에는 그날 저녁거리로 희멀건 양배추 죽통이 막 배달됐다. 찬합 바닥에 한 국자씩 퍼 담겨진 양배추 죽을 요란스럽게 긁어 대는 무질서한 쇳소리가 어지럽게 울려 퍼졌다. 3층 침대에는 재빨리 식사를 마친 쿤 노인이 머리에 모자를 쓰고 상체를 거칠게 흔들며 큰 소리로 감사 기도를 올리고 있었다. 자신이 선발되지 않은 것을 신께 감사드린다고 노래하며 감격스러운(?) 기도를 올리고 있었다. 바로 옆 침대에선 스무 살 먹은 그리스인 젊은이 베포가 내일 아침 독가스실로 끌려갈 자신의 처지를 비관하며 절망의 나락에서 떨고 있었다. 작가는 이렇게 말했다.

"그 어떤 위로의 기도로도, 그 어떤 용서로도, 그 어떤 속죄로도, 그 무엇으로도 절대 씻을 수 없는 혐오스러운 일이 그날 저녁에 벌어졌다고…
내가 신이라면 쿤의 기도를 땅바닥에 내동댕이쳤을 것이라고…"

나치의 반인류적 학살 현장에 끌려갔던 유대인 수용자들 열에 아홉은 돌아오지 못했다. 선발되지 않았음에 기뻐하며 신께 감사의 기도를 소리높여 올리던 쿤 노인도 끝내 고향에 돌아가지 못했다. 나치 강제수용소에서 학살된 유대인은 150만 명이 넘었고 생환자는 7,000여 명에 불과했다. 용케 살아남은 사람들도 가족과 친지, 건강과 젊음, 재산을 모두 잃었다. 수용소에서 해방돼 고향으로 돌아온 수용자들은 훗날 행복하게 잘 살았을까? 그들 10명 중 6명은 심각한 우울증에 시달리거나 끝내 자살하고 말았다는 연구 결과가 있다. 나치 수용소에서 끔찍했던 경험, 야만과 광기로 얼룩진 잔혹한 인간성 말살과 양심의 멸종이 생생한 트라우마로 남아 평온한 일상을 유지하는 게 매우 힘들었다고 한다. 『이것이 인간인가』를 쓴 이후 시와 소설집 14편을 더 발표해 유럽 문단에서 유수의 문학상을 여러 차례 수상했던 프리모 레비도 1987

년 이탈리아 토리노 아빌리아나 자택에서 갑작스러운 자살로 굴곡진 삶을 마감했다.

남들처럼 조용히 수신료국으로 떠나는 게 맞을까 하는 생각도 들었다. 그러나 구차한 사설이라도 남겨 둬야겠다고 맘을 고쳐먹었다. 우리가 오랜 세월 공동체라고 여겨 왔던 공간에서, 함께 얼굴을 맞대고 고락을 나누었던 동료들에 의해, 광기로 얼룩진 야만과 모욕의 역사가, 정의와 배려라는 이름으로 버젓이 자행되고 있음을 흔적으로라도 흐릿하게 기록해야겠다는 생각이 들었다. 편 가르고 갈라치고 낙인찍는 분열과 차별, 갈등의 악순환이 반복되고 적대적인 조직 문화가 고착화돼서는 안 된다고 판단했다. 아우슈비츠 수용소 독가스실에서 삶의 마지막을 맞이했던 유대인들이 필사적으로 손톱을 긁어 가며 가스실 시멘트벽에 나치의 반인륜 범죄를 기록하고 삶의 마지막 소망을 빌었던 것처럼…. 프리모 레비는 인류가 나치즘을 이해하려 해서도 안 되고 이해하는 것도 불가능하지만 반드시 인지하고 있어야 한다고 강조했다. 되풀이되지 않기 위해서라고 말이다.

KBS 판 「안네의 일기」

나에게 내려진 부당한 처사가 화나고 억울했지만 잘 다녀오

리라 생각했다. 다만 불행한 역사가 반복되는 일이 없도록 차별과 보복의 흔적을 기록으로 남겨 둬야겠다고 맘먹었다. 수신료 열심히 걷어서 회사 재정에 차질이 생기지 않도록 노력하자고 다짐했다. 30여 년 동안 나를 품고 키워 준 조직에 대해 마지막 보답이라도 할 기회가 생긴 것일 수도 있다고 판단했다.

그래도 아쉬운 점이 한 가지 남았다. 신임 '파우치' 사장 선임 국면에 여러 선후배 동료들이 느끼는 좌절감과 당혹감에 깊이 공감하고 있었다. 용산에 줄을 대고 기사로, 프로그램으로, 인맥으로 온갖 아첨을 떨어 '파우치 사장'이니 '김건희 아부꾼'이니 조롱을 듣던 인사가 공영방송 KBS의 새로운 사장으로 임명돼선 안 되는 이유는 백 가지도 넘었다. 개인적인 감정은 차치하고라도 입사 이래 처음으로 모든 공채 기수에서 거의 모든 동료들이 그가 사장이 되면 안 되는 이유를 조목조목 열거했다.

권력에 아첨하기 위해 스스로 노예가 되는 지식인들의 처사를 프리모 레비는 역사 앞에 용서할 수 없는 매춘(賣春) 행위라고 비판했다. 권력에 아첨한 매춘 행위로 공영방송 사장에 오르는 일은 KBS 몰락에 티핑 포인트(Tipping Point)가 될 수 있다고 생각했다. 본사에서 멀리 떨어진 수신료국 사업지사로 발령이 나면 한동안 보도본부를 떠나야 했다. 공영방송의 위상과 무게를 지키려는 동료들의 절박한 노력에 숟가락 한 술도 거들지 못함이 참으로 아쉬웠다. 동료, 후배들의 간절한 외침을 멀리서나마 응원할 수밖에 없는 노릇이었다.

소설가 장은진은 그의 단편 「피아노, 피아노」에서 인생은 피아노의 하얀 건반이 아니라 검은 건반 같은 거라고 말했다. #했다고 우쭐했지만 정작 ♭일 수 있고, ♭됐다고 실망했는데 알고 봤더니 #일 수 있다고 비유했다. 온음과 반음이 촘촘히 어우러진 인생의 건반에서 나는 지금 #일까, ♭일까? 여의도 공원 단풍이 참으로 고왔다. 여의도 샛강에서 올려다본 가을 하늘은 눈이 부시도록 푸르렀다. 시절은 천고마비(天高馬肥)인데, 난 애비불비(哀而不悲)였다.

두 번째

어쩌란 말이냐?
흩어진 이 마음을…

수신료 분리 징수의 민낯

"다카이 씨. 전파를 수신한 사람이 NHK 요금을 내야 하는 건
법률로 정해진 일이에요. 어쩔 수 없는 일이라구요… (중략)
그러니 기분 좋게 내주실 수 없겠습니까?
나도요. 좋아서 이렇게 문을 두드리는 게 아닙니다.
그냥 한 번 기분 좋게 수신료를 내버립시다. (중략)
수신료를 내지 않는 건 도둑질이나 마찬가지예요. 다카이 씨.
당신도 요만한 일에 도둑 취급을 받고 싶지는 않지요?
텔레비전을 보는 사람은 누구라도 NHK 수신료를 반드시 내야 합
니다."

일본이 낳은 세계적 베스트셀러 작가 '무라카미 하루키'의 장편소설인 『1Q84』의 한 장면이다. 남자 주인공 '가와나 덴고'의 아버지는 일본 공영방송 NHK의 임시직 수신료 징수원이다. 아내와 일찍이 사별하고 몇 년째 어린 아들 '덴고'를 홀로 키우고 있다. 아버지는 남보다 수신료 징수 실적을 더 많이 올려 정규직 수금원으로 승진하기 위해 수신료 미납 가구를 부지런히 찾아다닌다. 토요일 일요일도 없이 지독하게 빚 독촉을 해댄다. NHK 수신료 징수원은 일본 사회에서 가혹하게 빚 독촉을 해대는 악덕 추심자로 악명이 높다. 아버지는 어린 아들 '덴고'의 손을 잡고 체납된 수신료를 받아 낼 때까지 미납 가구 시청자들과 끈질기게 실랑이를 벌인다.

아버지가 어린 아들 '덴고'를 주말도 없이 강제로 수신료 징수 현장에 끌고 다니는 이유는 그럴듯하다. 편부 슬하에 있는 어린 아들을 주말에 따로 돌봐 줄 사람이 없다고 핑계를 댄다. 사실은 어린 아들을 병풍 세워 빚 독촉을 하면 미납된 수신료를 받아내는 데 훨씬 용이하다는 얄팍한 계산이 깔려 있다. 영민한 아들 '덴고'는 이를 본능적으로 알고 있다. 그래서 아버지란 존재가 늘 부끄럽고 혐오스럽다. 수신료 독촉길에 행여 학교 친구들을 만나지나 않을까 항상 불안에 떨며 살았다. 자신의 처지가 원망스럽고 저주스러웠다. 덴고가 어른으로 성장해 가면서 부자 관계는 결국 파국으로 치달았다. 말년에 치매로 고통받던 덴고의 아버지는 파탄 난 가족 관계를 뒤늦게 후회하며 요양원에서 쓸쓸하게 숨졌다.

'앉아서 빌려 주고 서서 받는다'는 말이 있듯 동서고금을 막론하고 빚 독촉을 하는 건 그리 유쾌한 일이 아니다. 궁지에 몰린 채무자에게 빚 독촉을 하는 건 어쩌면 점잖은 체면에 부끄러운 일일 수도 있다. 그래서 채권추심을 대행하는 업체들이 생겨나 성업을 하는지도 모르겠다. 애당초 돈을 빌려 주지 말았어야 했다. 받을 돈을 마땅히 받는 것인데 줄 사람이 제때 갚지 않는다고 몰아세우는 건 왠지 졸렬해 보이기까지 하다.

KBS도 일본 NHK처럼 시청자들에게 매달 TV 수신료를 받는다. 다만 KBS는 수신료 징수 방식이 NHK와 조금 다르다. NHK는 시청자들에게 직접 수신료를 받지만 KBS는 한국전력의 전기요금에 묶어서 간접적으로 위탁 징수한다. KBS와 시청자 사이에 한국전력이 존재하고 한국전력이 전기요금을 징수하면서 TV 수신료를 함께 걷는 방식이다. 대신 KBS는 한국전력에 수고비 명목으로 일정 비율의 징수 대행 수수료를 지불한다. 덴고의 아버지처럼 굳이 수신료 수금원들이 각 가정을 직접 방문하는 재래식 방법이 아니다. 이를 한전 전기요금 '통합 징수' 방식이라 한다.

그런데 윤석열 정부는 방송법 시행령을 고쳐 이를 '분리 징수' 방식으로 갑자기 바꿨다. 전기요금과 수신료를 각 가정에 따로 고지해서 국민의 납부 선택권을 존중한다는 명목으로 진행됐다. 세금은 따박따박 강제로 징수하면서 특별부담금이자 준조세 성격의 TV 수신료에 대해선 납부 선택권을 보장한다는 건 시청자들에게 안 내도 된다는 뜻으로 잘못 해석될 여지가 있었다. 세금 내는 걸 좋아하는 사람은 거의 없다. 이런 일이 벌어진 이유는 간단하다. 전임 정부에서 임명된 임기제 사장이 윤석열 정부로 정권이 교체된 이후에도 스스로 물러나지 않은 것이 못마땅해서 벌어진 일이었다. 정권의 전리품인 공영방송이 입안의 혀처럼 나긋나긋 굴어야 하는데 정권 교체 이후에도 줄곧 비판적인 뉴스와 프로그램을 지속적으로 방송하다 보니 새로운 권력에 미운털이 박혔다.

분리 징수의 도화선을 당기다

2023년 2월 윤석열 정부는 경찰청 국가수사본부장에 검사 출신 정순신 변호사를 임명했다. 이른바 검사 만능시대의 전형적 인사였다. 경찰 수사를 총괄하는 자리에 검사 출신이 앉게 되자 경찰 수사의 독립성을 걱정하는 목소리가 터져 나왔다. 윤석열 전 대통령과 각별한 친분이 있는 것으로 알려진 인물이었기에 인사의 공정성을 의심하는 목소리도 높았다. 그런데 임명 하루 만인 다음 날, 정순신 국가수사본부장이 낙마했다. 결정타는 아들의 학교폭력 문제였다. KBS는 임명 당일 저녁 〈뉴스9〉에서 정 본부장 아들이 고등학교 시절 학교폭력 가해자였고 정 군 측은 전학 조치를 피하기 위해 가능한 모든 법적 대응 수단을 동원해 피해자에게

2차 가해를 저질렀으며 피해자는 지금도 그 후유증에 시달리고 있다는 내용을 단독 보도했다. 법 기술자였던 정 본부장은 보도 직후 출입기자단에 보낸 입장문에서 "아들 문제로 송구하다", "두고두고 반성하고 살겠다"며 임명 하루 만에 자진 사퇴했다.

윤석열 정부의 검사 만능 인사와 공직자 인사 검증 과정의 부실 문제를 지적한 이 보도는 민언련 '이달의 좋은 보도상', 한국기자협회 제390회 '이달의 기자상', 한국방송기자 연합회 제173회 '이달의 방송기자상'을 받았다. 그러나 보도의 후폭풍은 치명적이었다. 윤석열 정부가 TV 수신료 분리 징수 정책을 본격적으로 밀어붙이는 기폭제이자 도화선이 되고 말았다. 못 먹는 호박에 말뚝이라도 박겠다는 듯 내 편이 아니라면 돈줄을 끊어서 차라리 없애 버리겠다는 '놀부 심보'가 정책 추진의 밑바탕이었다.

서울시 산하기관이었던 교통방송(TBS)이 정치적 편향성 논란을 빚자 당시 여당 다수였던 서울시의회가 출연금 지원을 전면 중단해 사실상 폐국 수순을 밟고 있는 것과 비슷한 과정이었다. 권력과 불가근불가원(不可近不可遠)이라는 저널리즘의 기본 원칙을 최고 권력자가 이해하지 못하고 공영방송의 존재 이유에 대해 진지하게 성찰하지 못해서 벌어진 일이었다. KBS를 국민의 방송인 공영방송이 아니라 정권의 방송인 국영방송 또는 용산의 방송쯤으로 생각하고 있었다는 뜻이었다. 북한의 〈조선중앙TV〉처럼 체제 선전의 결사옹위 부대로 KBS를 생각하고 있던 셈이다. 결국 대통령 술친구였던 인사를 공영방송의 낙하산 사장으로 꽂아 내린 정권은 전임 사장 시절 주요 보직을 담당했던 인사들을 대거 수신료국으로 좌천시키는 보복의 칼날을 휘둘렀다.

대혼돈의 아수라장

현재 나의 소속과 직함은 〈KBS 수신료국 경기북부사업지사 고양분소 수신료 징수 관리원〉이다. 나는 경기도 북부의 세 개 도시인 연천과 포천, 동두천 이른바 삼천(三川) 지역의 약 120여 개 아파트 단지 4만 9천여 세대의 TV 수신료 징수 관리 업무를 맡고 있다. 평생 취재와 보도, 제작 업무에 종사해 온 나로선 마른하늘에 날벼락이자 아닌 밤중에 홍두깨가 따로 없었다. 우리가 오직 예측 가능한 건 인생이 예측한 대로 되지 않는다는 것뿐이라고 한다. 인생은 계획한 대로 반듯하게 흘러가지 않으며 예고 없이 삐걱대고 어긋나기 마련이라고 어느 작가는 말했다.

KBS에 방송기자로 입사해 30년 넘게 보도본부에서만 줄곧 근무하다 정년퇴직을 앞두고 수신료국에서 이른바 '빚 독촉'을 하며 기자 인생을 마무리하게 될 줄은 꿈에도 생각지 못했다. 인생의 어느 지점이 잘못됐는지 모르겠지만 잘 알지도 못하고 예상치도 못했으며 원하지도 않았던 지점에 밀려와서 엉뚱한 삽질을 하고 있다는 생각이 한동안 멈추질 않았다.

전임 정권 전임 사장 아래에서 주요 보직을 맡았다는 이유로 많은 사람들이 난데없는 전화 한 통에 나와 비슷한 처지가 됐다. 수신료국에 발령을 받고 낯선 사무실로 출근하자 인수인계 기간은 달랑 이틀이었다. 생전 듣도 보도 못 했던 〈수신료 정보시스템〉이니 〈한국전력 파트너스 시스템〉이니 하는 대규모 전산 시스템은 말 그대로 '문화충격'이었다. 아파트 단지별로 각기 다른 여러 종류의 숫자들을 매달 마감 기간 이전까지 전산망에 입력해야 한다는데 무슨 소리인지 한 마디도 알아듣지 못했다.

나 같은 신규 발령자들을 모아 놓고 사내 연수원에서 실시된 수신료 징수관리 업무 집체교육은 딱 하루였다. 그게 수신료국 실무에 도움이 될 가능성은 애당초 없었다. 글도 깨치지 못한 유치원생에게 당장 박사급 논문을 써내야 한다고 말하는 것과 다를 바 없었다. 수신료국 업무는 첫날부터 영혼이 탈탈 털렸다. 심란한 마음은 먼지처럼 흩어졌다. 심오한 전산 시스템의 망망대해에 풍덩 빠뜨려 놓고 다짜고짜 대륙횡단 수영을 하라고 떠밀린 기분이었다. 최소한 두 달 이상 맨땅에 헤딩을 해야 어느 정도 감이 잡힐 것이라고 먼저 온 수신료국 동료들이 불쌍한 눈으로 위로를 건넸다. 전혀 위로가 되지 못했다. '이걸 진짜로 내가 날마다 해야 된다고?' 뭘 어찌해야 좋을지 정신줄을 놓고 있는 틈에도 KBS에 불만이 그득한 시청자들 민원 전화는 소나기처럼 쏟아졌다.

사표를 써야 하나 몇 날 며칠 진지하게 고민이 들었다. 퇴직을 앞둔 방송기자 앞에 덩그러니 던져진 동두천, 연천, 포천 이른바 삼천(三川) 지역의 TV 수신료 징수 관리 업무를 장차 어찌해야 좋단 말인가? 몸도 마음도 산산이 부서져 나가는 느낌이었다. 차라리 몸은 고단해도 가와나 덴고의 아버지처럼 미납 가구를 일일이 찾아다니며 빚 독촉을 하는 게 더 쉽지 않을까 하는 생각마저 들었다. 몽매한 말년 기자에게 덩그러니 내던져진 동두천, 연천, 포천, 삼천(三川)은 말 그대로 맹부(盲夫) 삼천(三川)이었다.

돌격 앞으로…

하면 된다고?

막내아들이 뒤늦게 군대를 갔다. 멀쩡히 다니던 대학에서 휴학한 지 1년 반 만이다. 전공과 아무런 관련이 없는 대중음악 작곡을 공부해서 앨범을 내겠다며 휴학을 하고 나서는 한사코 입영을 미뤄 오던 차였다. 아마도 작심했던 일이 뜻대로 잘 안 됐던 모양이다. 대학 친구들은 벌써 예비역 복학생이 된 경우도 있고 한두 살 어린 사촌 조카들도 이미 제대와 복학을 마쳤으니 얼추 2년 이상 늦어진 입대였다. 또래보다 늦은 나이에 신병 훈련소에 입소를 하니 몸고생 마음고생이 클 것이라며 아내는 입대 여러 달 전부터 전전긍긍이었다. 아들이 입대한 신병 훈련소는 경기도 화성시에 있었다. 수도권 서남부 방어를 담당하며 서해 바다 해상과 해안 경계를 담당하는 부대라고 했다. 6주간 신병 교육을 마치는 훈련소 수료식 행사에 참석하기 위해 회사에 하루 휴가를 내고 아침부터 서둘러 집을 나섰다. 출근길 교통지옥을 꾸역꾸역 뚫고 2시간 남짓 달려가니 수료식 행사는 이미 막바지로 치닫고 있었다.

한 달 반 만에 듬직한 국방색 얼룩무늬 군복에 검은 베레모를 갖춰 쓰고 네모반듯하게 각이 잡혀 있는 아들을 실물로 영접하자 아내는 그렁그렁 눈물이 맺혔다. 수료식이 끝나고 자대로 이동 배치되기 직전에 저녁 시간까지 반나절 정도 가족 동반으로 부대 밖 외출이 허용됐다. 사회와 단절된 6주간의 신병훈련 과정에 적잖이 불편이 있었을 법도 한데 별 탈 없이 견뎌 준 것이 고맙고 대견한 듯 아내는 근처 식당에서 이런저런 음식을 한 점이라도 더 아들 입에 자꾸 챙겨 주려 했다. 옷이 날개라는 말이 있고 입성이 고와야 동냥질도 한다는 속담도 있다. 집에선 늘 자잘한 신경전을 벌이며 엄마 속을 끓여 오던 철부지 막내가 번듯하게 군복을 차려 입으니 제법 사내다운 태가 묻어났다.

짧고도 아쉬운 반나절 면회를 마치고 부대 막사 앞에서 승용차를 돌려 나오는데 병영 한쪽에 '전승! 할 수 있다'라는 구호가 선명히 박혀 있는 간판이 보였다. 할 수 있다고 믿으면 할 수 없던 것도 할 수 있게 되는 게 군대이려니 싶었다. 나도 그랬고 우리의 아들딸들도 군대에서 그렇게 어른이 되어 간다. 그게 군인 정신이 되고 사회에선 이른바 '무대뽀' 정신이 되는 것이리라.

나는 20대 초반에 강원도 화천군 간동면 오음리에서 30개월 남짓 군대 생활을 했다. 영원히 죽지 않는다는 불사조(不死鳥) 부대였다. 월남전 당시 파월 장병들 실전 훈련을 담당했던 부대라고 했다. 부대의 상징처럼 영원히 죽지 않는 전사가 되려면 훈련 강도는 당연히 매우 높았다. 충남 논산에서 6주간 신병교육 훈련을 무사히 마쳤지만, 강원도 화천에서 다시 4주간 추가로 신병교육을 받아야 하는 특수전 부대였다. 특공무술과 태권도, 공수훈련, 유격훈련, 주·야간 사격과 행군 등 훈련 일정이 밤낮으로 쉴 틈 없이 계속됐다.

약 한 달간 계속된 신병교육 훈련의 정점에는 부대 지휘관 앞에서 펼쳐지는 수료식 행사가 있었다. 당장이라도 사람을 죽일 듯 살기를 띤 표정과 동작으로 특공무술 약속 대련이 살벌하게 펼쳐졌다. 잔뜩 부풀린 자세로 일합을 겨루던 훈련병들은 과장된 몸짓을 한껏 뽐내며 널찍한 연병장 흙바닥 위로 나락을 털어 낸 가을 논 볏단처럼 획획 나뒹굴었다. 수료식 대미를 장식했던 마지막 순서는 벽돌 격파술이었다. 건물이나 막사를 지을 때 쓰는 빨간색 황토벽돌 두 장씩을 저마다 바닥에 쌓아 놓고 앞 열부터 차례차례 이마로 또는 손날로 내리쳐서 두 동강으로 깨부수는 장면이었다. 아무리 군인 정신이 충만한 신병들이라 할지라도 전문적인 무술인이 아닌 이상, 한 달간 신병교육 훈련을 받고 맨손으로 또는 박치기로 빨간 벽돌 두 장을 격파하는 건 솔직히 무리였다. 이 장면을 멋지게 연출하기 위해 우리는 약간의 인위적 조작이 필요했다.

전날 오후부터 격파 시범용 빨간 벽돌들을 소금물에 몇 시간씩 담가 두었다가 연병장 주변에 삼삼오오 둘러앉아 저마다 돌멩이로, 망치로 빨간 벽돌들을 한참 동안 조심스레 콩콩 내리 쪼았다. 그렇게 해야 딱딱한 벽돌의 물성이 조금 골골해지고 쉽게 부서진다고 신병 교육대 교관들은 말했다. 겉으로는 멀쩡해 보이되 부서지지 않을 정도로만 조심스럽게 반복적으로 충격을 가해야 한다며 숙련된 교관께서 직접 시범도 보여 줬다. 벽돌을 쪼아 대다가 강도 조절을 제대로 못 해서 행여 깨지기라도 하면 교관에게 불려 나가 혹독한 '얼차려'를 받아야 했다. 수백 번 담금질로 골병이 든 벽돌들은 밤새도록 소금물에 또다시 담가 두었다가 건져 내서 다음 날 수료식에 멋진 소품으로 훌륭하게 활용됐다. 나도 빨간 벽돌 2장을 손날로 거뜬히 격파했다. 지휘관들 앞에서 늠름하게 격파술 시범을 잘 마쳐야 교관도 훈련병도 칭찬을 받고 지휘관도 흡족했을 터이니 모두가 상생하는 이른바 윈윈(Win-Win) 전략이었다. 하면 되고 뭐든지 할 수 있다는 그때의 군인 정신은 꼼수와 반칙의 협주곡이었지만 큰 악의는 없었다.

해도 안 될 때가 있다

1차 세계대전을 무대로 만든 영화 〈서부 전선 이상 없다(All Quiet on the Western Front)〉는 에리히 마리아 레마르크가 쓴 동명의 반전(反戰)소설 『IM WESTEN NICHTS NEUES』를 원작으로 삼아 에르바르트 베르거 감독이 각색한 작품이다. 원작 소설과는 구성이 약간 다르지만 전쟁의 잔혹성을 사실감 있게 묘사해 아카데미 촬영상과 음악상 등 4개 부문을 석권했다.

주요 배역으로 등장하는 파울 보이머 등 4명의 독일 청년은 우리 나이 18~19세로 고등학교 3학년쯤 되는 동창생들이다. 학교 울타리를 한 번도 넘어 본 적 없는 어린 학생들을 모아 놓고 교장은 독일 제국의 미래가 가장 위대한 철인(鐵人)인 청년 세대에 달려 있다며 황제와 신과 조국을 위해 기꺼이 전장에 나서라고 결연한 어조로 연설한다. 우유부단함은 조국을 배신하는 행위라며 북부 프랑스 플랑드르 전선을 거뜬히 돌파해 파리로 진격하자고 선동한다. 고향 땅에 돌아올 때 가슴에 자랑스러운 철십자 훈장을 달고 승전가를 소리 높여 부르자고 부추긴다.

줄줄이 입영원서를 제출하고 소총 쏘는 방법만 겨우 익힌 채 독일 청년들은 서부전선에 곧바로 투입됐다. 첫 번째 전투 혹은 길어야 석 달도 못 되어 피가 튀고 살이 찢기는 일진일퇴의 참호 진지 백병전에서 그들은 질퍽한 진흙 구덩이에 처박혀 오물처럼 덧없이 사라졌다. 꽃보다 더 아름다운 나이 스물 언저리였다. 위대한 독일 제국을 건설할 수 있다는 이른바 '할 수 있다' 정신에 고무돼 핏빛으로 얼룩진 서부전선 참호 진지에 파묻혀 돌격 앞으로 함성 속에 허무하게 희생된 젊은이가 무려 3백만 명이 넘었다. 4년간 치러진 그 전쟁에서 이슬처럼 사라져 간 목숨은 천 7백만 명이 넘었다. 엄청난 희생을 치르고도 독일은 패전국이 됐고 위대한 독일 제국은 건설할 수 없었다. 무능한 리더의 오판과 탐욕으로 할 수 없는 일을 할 수 있다고 호도하면 국가는 멸망하고 역사에 큰 상처가 남는다.

돌격 앞으로…

난데없이 TV 수신료국으로 발령을 받고 나서 신규 전입자를 대상으로 집체 실무교육이 있었다. 한국전력에서 각 가정에 전기요금을 부과하는 전산 시스템과 그에 연동되는 KBS의 수신료 징수 전산 시스템을 어떻게 활용하고 연계해야 되는지 파악하는 실무교육 과정이다. 복잡하고 방대한 두 개의 전산 시스템을 정교하게 운용해야 수신료국 업무를 정확하게 수행할 수 있다.

이 전산 시스템은 전국 2천 2백만 가구에 매달 전기 사용 실적을 촘촘하게 집계하는 국가적 네트워크 연결망이다. 이 전산망에 뛰어들어 내가 담당하는 지역 아파트 단지를 선별하고 거기서 다시 개별세대 수신료를 적확하게 산정해서 부과하는 일은 한 치의 오차도 허용될 수 없는 적극적 대민 행정업무다. 개별 세대에 준조세인 TV 수신료를 매달 어느 날짜까지 얼마씩 내야 한다고 고지하는 구체적 절차를 대충대충 주먹구구로 처리할 수는 없는 노릇이다. 사내 연수원 널찍한 대강당에서 지정된 좌석 없이 듬성

듬성 자리 잡고 흐릿한 PPT(파워포인트) 자료를 띄워 놓고 실시된 집체 실무교육은 20~30년 전에나 볼 수 있었던 이른바 '당나라 군대' 예비군 훈련이나 민방위 교육 수준을 한 치도 벗어나지 못했다.

수신료국에 자발적으로 온 게 아니라 보복성 인사로 떠밀려 온 사람들은 기본적 학습 의지가 부족했다. 그런 유배자들을 교육시키는 수신료국 강사들 자질과 열의도 함량 미달이었다. 평생 제작 현장에서 프로그램과 뉴스를 만들어 왔던 제작 전문 인력들에게 복잡한 전산 시스템과 생소한 IT 전문용어, 끝을 가늠할 수 없는 방대한 엑셀 차트를 어떻게 이해해야 하는지 학생도 모르고 선생도 난감한 무질서와 무대책의 대잔치였다. 교육생들은 강의 시간 대부분을 졸거나 떠들거나 먼 산만 바라보며 대충대충 흘려보냈다. 가출한 영혼들은 강의실 안팎을 둥둥 떠다녔다. 교육과정 말미에 연단 앞에 나선 강의 책임자는 회사 재정과 수입을 지켜 나간다는 자긍심과 보람을 가지고 업무에 임해 달라며 여러분은 '할 수 있다'고 힘주어 격려했다.

다음 날 우리는 수신료국 실무에 바로 투입됐다. 태평양보다 넓어 보이는 망망대해의 전산 시스템에 풍덩 뛰어들었다. 폭포처럼 쏟아지는 수신료 민원 전화의 총칼을 온몸으로 맞았다. 한 발 쏘고 나면 덜커덕 방아쇠가 걸려 고장 나는 G98 재래식 소총을 들고 서부전선 참호 진지 속에 초개처럼 뛰어든 독일 병사들과 하등 다를 바 없었다. 소금물에 잔뜩 절여 순식간에 격파되는 골병

든 빨간 벽돌은 어디서도 구할 수 없었다. 현실의 벽은 너무 가혹했다. 할 수 있는 건 하나도 없었고, 할 수 없는 건 만리장성처럼 까마득했다. 따발총을 쏘아 대는 민원인들 전화는 생전 처음 듣는 외계인들 언어였다. 부서진 영혼들이 울부짖듯 토해 내는 한숨만이 사무실 공기를 그득그득 채웠다.

단말마처럼 울리는 '돌격 앞으로' 고함 소리는 날마다 반복됐다. 세상의 모든 서사와 재미를 블랙홀처럼 빨아들이는 방송 생태계 최상위 포식자 넷플릭스와 유튜브라는 공룡 앞에서 허울뿐인 공영방송은 하루하루 위태롭게 가쁜 숨을 몰아쉬고 있었다.

네 번째

수신료를 말소하라

TV가 없다구요

"TV가 집에 없어요."
"TV를 아예 안 본 지 1년이 넘었어요."
"휴대전화로 유튜브를 보거나 컴퓨터로 넷플릭스만 시청해요."

KBS 수신료국 경기북부 사업지사에는 하루 평균 백여 통씩 민원 전화가 걸려 온다. 수신료국 직원들이 날마다 시달리는 민원 전화 가운데 상당수는 집에 TV 수상기가 아예 없으니 TV 수신료를 면제해 달라는 내용이다. 집에 TV가 아예 없다는 얘기다. TV 수신료는 보유세 개념의 준조세이자 특별부담금이다. 자동차를 운행하지 않더라도 자동차세를 내야 하는 것처럼, TV를 시청하지 않더라도 TV 수상기를 보유하고 있으면 수신료를 내야 한다. 방송법 64조에 그렇게 돼 있다.

그러나 집에 TV 수상기가 아예 없으면 수신료를 부과할 법적 근거가 없다. 과거엔 집집마다 TV 수상기가 한두 대씩 꼭 있었다. 그렇지만 요즘은 TV 수상기가 진짜로 없는 가정이 많다. TV 대신 태블릿PC나 컴퓨터, 스마트폰으로 얼마든지 드라마, 영화, 웹툰 같은 콘텐츠를 소비할 수 있다. TV 수상기를 굳이 집 안에 보유할 필요가 없어졌다. 어린 자녀들이 있는 가정에선 교육적인 이유로 집 안에 TV를 설치하지 않는 경우도 많다. 1~2인 가구가 늘어나면서 거주 공간의 규모가 작아지다 보니 집 안에 TV를 들여놓지 않는 가정도 늘어났다. 실제로 정보통신정책연구원(KISDI)이 얼마 전 발표한 보고서를 보면 1인 가구의 약 70%가 TV를 갖고 있지 않았으며, TV가 없는 이용자의 91.6%가 스마트폰 같은 개인용 단말기를 이용해 온라인동영상 서비스(OTT)를 즐기고 있는 것으로 조사됐다.

TV가 집에 없다는 민원인들에게는 외근 담당 직원들이 방문해 현장 점검을 통해 실제로 TV가 없는지 확인하고 TV 수신료 청구 절차를 전산 시스템에서 말소한다. 이 과정이 번거로우면 TV 수상기가 없는 안방과 거실 사진을 메일로 첨부해 KBS 수신료국에 전송하면 수신료 청구 시스템에서 말소 처리한다. 요즘은 집에 TV가 없는 게 의식이 깨어 있는 문화시민으로서 오히려 자랑거리가 되는 시대이기도 하다.

꿈을 꾸다. 방송기자

어릴 적 우리 집에도 TV가 없었다. 그때부터 내가 문화시민으로 소양이 넘쳐서 그랬던 건 물론 아니다. 1970~1980년대 개발독재 시대에 유년기를 보냈던 베이비 붐 세대가 대부분 그러하듯 내 어린 시절은 절대 빈곤과 결핍의 시기였다. 면사무소 산하 상수도 사업소의 말단 임시직 공무원이었던 내 아버지는 늘 박봉에 시달렸다. 얄팍한 노란 봉투에 '봉급'을 현금으로 담아 주던 시절이었다. 아버지는 '봉급'을 온전히 어머니에게 가져다주지 않는 경우가 허다했다. 술과 노래를 퍽이나 사랑하는 한량이었던 아버지는 '봉급날'만 되면 퇴근길에 읍내 시장통 여느 술집에라도 들러 밤늦도록 음주에 가무를 즐겼다. 얄팍한 월급 봉투를 뭉텅뭉텅 덜어 내고 새벽녘에 귀가하기 일쑤였다. 물 때 없이 자라나는 삼형제를 키우느라 생활비는 늘 턱없이 부족했다. 이를 메꾸기 위해 어머니는 들로, 밭으로 농사일 품앗이를 다니기도 했고, 식당으로, 공장으로 취업 전선에 뛰어들어야 했다.

그 시절 TV는 우리 집 수준에 어울리지 않는 사치품이었다. 그러다 내가 초등학교 6학년 때 어머니는 큰맘 먹고 집에 TV를 장만했다. 같은 학교에 다니던 내 동생은 어찌 알았는지 수업 중간 휴식 시간에 냉큼 달려와 기쁜 소식을 전했다. 그날은 마치 온 세상을 얻은 것처럼 하굣길 발걸음이 날아갈 듯 기뻤다. TV가 없어 저녁마다 이웃집을 기웃거리며 TV 시청을 구걸하던 삼 형제의 동냥질이 안쓰럽게 느껴져 어머니는 어려운 결단을 내렸을 터였다.

그 시절엔 마을마다 동네 부잣집에나 가야 TV 수상기가 한 대씩 있었다. 저녁때만 되면 가난한 집 꼬맹이들은 부잣집 안방이나 마당에 모여 재미있는 만화 프로그램이나 프로 레슬링 경기 같은 빅이벤트 프로그램 시청을 읍소해야 됐다. 부잣집 안방이며 마당은 날마다 마을의 작은 영화관으로 변신했다. 시골 인심이 아무리 넉넉하다 할지라도 저녁때만 되면 눈치 없이 몰려드는 이웃집 천덕꾸러기들이 반가울 리 없었다. 부잣집 어르신들 따가운 눈총을 애써 모른 척하며 가끔씩 접하던 TV 속 '뉴스 앵커'와 '방송기자'는 어린 시절 내게 달나라 옥토끼만큼이나 선망의 대상이었다. 어른이 되면 TV 속에 나오는 앵커나 기자가 돼서 세계 방방곡곡을 맘껏 누비고 싶었다. 생생한 역사의 현장을 취재하고 기록하고 싶다는 막연한 꿈을 꾸었다. 그렇게 내 어릴 적 꿈은 일찍이 '방송기자'였다.

간헐적 단식

방송기자가 된다는 건 예나 지금이나 쉬운 일이 아니다. 수백 대 일 경쟁률을 기록하는 '언론고시'를 통과해야 한다. 꿈에서도 그리던 '방송기자'가 되기 위해 '언론고시'를 본격적으로 준비하기 시작한 건 대학교 1학년 때부터다. 전공과목 수업 시간을 제외하고 대부분 시간을 대학교 중앙 도서관과 사회과학 도서관 열람실에 처박혀 살았다. 새벽에 도서관이 문을 열자마자 가장 먼저 들어가서 밤 11시에 문을 닫을 때까지 언론고시 수험 서적에 코를 박고 살았다.

도서관 열람실을 나서는 시간은 전공과목 수업 시간과 점심시간, 가끔 화장실 가는 시간 정도였다. 4학년이 되어서는 밥 먹는 시간, 화장실 가는 시간도 아까워서 아예 점심을 굶었다. 가난한 시골 출신 대학생이 얄팍한 주머니 사정을 고려해서 내린 결정이었지만 점심을 먹지 않으니 오후 시간에 꾸벅꾸벅 조는 식곤증(食困症)이 없어서 좋았다. 허기가 밀려올 때는 200ml짜리 '서울우유' 한 팩으로 배고픈 위장을 달랬다. 배고픔을 참는 게 처음엔 좀 힘들었지만 곧 적응이 됐고 속이 편안해지는 걸 느꼈다. 건강에 좋다고 요즘 한창 유행하는 '간헐적 단식'을 나는 가난하고 배고픈 대학생 시절부터 반강제로 실천했던 셈이다.

느닷없는 보복성 인사 발령으로 경기도 북부 의정부시와 고양시에 있는 수신료국 사업지사로 옮기다 보니 사무실에 아는 사람이 한 명도 없었다. 직종과 직군이 다르고 근무지가 모두 달랐던 사람들이 모인 곳이니 데면데면한 분위기는 어찌 보면 당연했다. 처음부터 말 붙일 사람도 마땅치 않고 어색한 분위기에 얼굴을 마주 보며 함께 밥을 먹는 것도 썩 내키지 않았다. 아예 점심 식사를 거르고 '간헐적 단식'을 다시 실천해 보기로 결심했다.

소설가 권여선은 문학계의 대장금 같은 사람이다. 그는 작가와 요리사의 복합 인격체다. 글을 풀어 술과 안주를 빚는 데 탁월한 솜씨를 갖고 있다. 술과 안주와 작가가 혼연일체가 돼서 풀어낸 삼위일체의 작품이 바로 산문집 『술꾼들의 모국어』와 『오늘 뭐 먹지』다. 그는 소설에서도 산문에서도 김밥과 순대와 만두와 어묵을 맛깔나게 만들어 먹고 소담스러운 집밥과 안주를 정성껏 빚는다. 그는 단식(斷食)의 장점을 이렇게 말했다. "단식을 하면 시간이 늪처럼 고여 흐르지를 않는다. 죽죽 늘어진 시간 때문에 내 속에 있는 오래된 서랍을 열어 이것저것 하나씩 꺼내 보게 된다. 내가 살아온 과거들을 차근차근 짚어 보고 지금 맺고 있는 관계들을 곰곰이 따져 보게 된다"고 했다. "단식을 하면 숲속의 빈터처럼 고요한 신세계가 열린다"고 표현했다. "그러니 주말에 하루나 이틀 정도 단식을 해보면 몸도 마음도 정갈해진다"고 말했다.

그렇게 단식이 좋다는데 나라고 안 할 이유가 없었다. 점심시간에 간헐적 단식을 실천하면서 사무실 주변 공원길을 산책했다. 한 시간 남짓 걷기 운동을 병행했다. '간헐적 단식'과 걷기 운동을 덩달아 실천하니 도랑 치고 가재도 잡는 일석이조였다.

걷기와 명상

걷기는 내게 운동이 아니라 명상이자 일종의 휴식이었다. 걷고 또 걸으며 지나온 삶을 짚어 보고 살아갈 날을 그렸다. 영화배우 하정우를 나는 개인적으로 알지 못한다. 다만 그가 아주 반듯한 사람임을 짐작할 수는 있다. 트리플 천만 배우이자 영화감독, 영화 제작자, 화가로 재능이 넘치는 열정적 삶을 살고 있다지만 정작 그를 주목하게 된 계기는 수필 『걷는 사람, 하정우』를 읽고 나서였다.

그는 서울 강남에서 홍대 사무실까지 하루 만 보씩 꼬박꼬박 걷는 사람이다. 제주도에 가는 비행기를 타려고 집에서 김포공항까지 8시간 동안 걷기도 하고 휴가차 날아간 하와이에서 10만보, 무려 80Km를 하루 만에 걸었다고 한다. 말 그대로 걷기 전도사다. 이렇게 두 다리로 땅을 꾹꾹 눌러 밟으며 또박또박 걸어가는 인생을 사는 사람은 거짓말에 서툴다. 편법도 없고 반칙도 없고 지름길도 마다하는 충만하고 옹골찬 인생이다. 흔한 연예인 스캔들마저 하나 없는 걸 보면 그의 품성을 짐작할 수 있다. 열심히 걷고 자주 걷다 보니 한 끼 한 끼 먹는 음식이 더없이 소중하고 맛있다고 한다. 찰지고 먹음직스러운 '하정우 먹방'은 꾸준한 걷기가 만들어 낸 진짜 내공이었다. 하정우 배우처럼 멋지고 훌륭한 사람이 될 수는 없겠지만 흉내라도 내보자는 맘으로 점심시간 걷기를 꾸준히 실천했다.

삶은 걷기와 비슷하다. 작은 걸음을 뚜벅뚜벅 옮기듯 하루하루를 옹골차게 살아 내면 우리는 어느덧 생각지도 못했던 곳까지 다다르게 된다. 걷기와 간헐적 단식 덕분인지 젊은 시절 폭음으로 망가져 쓰라렸던 위장이 조금씩 편안해졌다. 체지방도 서서히 줄기 시작했다. 오랜 세월 술기운에 시달려 상처 입은 내장이 조금씩 나아지듯 민원인들과 입씨름하며 상처받는 마음도 차츰 회복됐다. 갈팡질팡하면서도 한 발자국씩 뚜벅뚜벅 내딛는 게 인생이 아닐까 싶다. 한 발 두 발 우직한 걸음이 쌓이면 생각지도 못했던 어느 곳에 마침내 당도하게 되지 않을까?

다섯 번째

좋은 사람,
나쁜 사람

나쁜 놈들 전성시대

"도대체 전화를 왜 이렇게 안 받는 거야?"
"귀찮아서 일부러 안 받는 거지. 다 안다구.
이 나쁜 노무 XX들아!!"

경기도 동두천시에 거주하는 건장한 풍채의 70대 어르신이었다. 점심시간 임박해 직원들이 듬성듬성 빠져나간 사이 느닷없이 수신료국 의정부지사 사무실 문을 박차고 들어섰다. 잔뜩 화난 표정으로 다짜고짜 반말에다 고성과 욕설을 내지르며 눈을 부라렸다. 수신료국에 여러 차례 민원 전화를 걸었는데 통화 연결에 계속 실패하자 분노가 끓어올라 직접 사무실까지 찾아오신 모양새다. 작심하고 수신료국 의정부지사 사무실 주소를 물어물어 동두천에서 직접 찾아왔으니 그 번거로운 발걸음과 낭비된 시간을 생각하면 부아가 한껏 치밀어 올랐을 법도 하다.

수신료국 사업소 사무실마다 하루 수백 통씩 민원 전화가 쏟아진다. 직원들이 일부러 전화를 안 받는 건 아니지만 인력이 태부족이라 시청자들이 담당 직원과 민원 전화로 직접 연결되기까지는 많은 인내심이 필요하다. 어르신 민원 요지는 간단했다. TV 수신료가 매달 신용카드 연결계좌에서 자동이체 방식으로 빠져나가는데, 도대체 누구 맘대로 TV 수신료를 빼내 가는 것이냐며 언성을 높였다. 본인은 TV 수신료 자동이체를 신청한 적도 동의한 적도 없다는 얘기였다.

이런 종류의 민원은 TV 수신료 분리 징수 정책에 대한 사소한 오해에서 비롯된다. TV 수신료가 한전 전기요금과 통합돼서 징수될 때는 매달 내는 전기요금에 TV 수신료가 포함돼 있었다. 전기요금 고지서 한 장으로 TV 수신료가 함께 청구되고 함께 납부됐다. 그러나 2024년 7월부터 TV 수신료 분리 징수 정책이 본격적으로 시행되면서 시청자들은 한전 전기요금과 KBS TV 수신료를 분리해서 고지받게 됐다. 수신료 납부 금액은 이전과 똑같지만 시청자들에게 알리는 고지 행위와 납부하는 징수 행위가 전기요금과 분리되어 시행됐다.

시청자들은 그동안 뭉뚱그려 전기요금을 내는가 보다 생각하면서 신용카드로 자동이체를 해왔지만, 이제는 자동이체 되는 전기요금 금액에 KBS의 TV 수신료 2,500원이 따로 포함돼 있음을 분리 고지된 청구서를 통해 알게 된다. 한전의 전기요금을 은행 계좌에서 자동이체 방식으로 납부하겠다고 신청할 때 고객 사전 동의가 필수인데 대부분 깨알만 한 글씨에 암호 같은 용어로 한전 전기요금 약관 동의서가 첨부돼 있다. 무심코 서명을 하다 보면 TV 수신료가 한전 전기요금과 덩달아 자동이체 된다는 사실을 잘 모르는 상태에서 동의 서명을 하게 된다.

전기요금 자동이체 방식에 동의한 시청자는 분리 징수 정책이 시행된 이후 자동이체 항목에 한전 전기요금에다 KBS TV 수신료가 분리되어 별도로 고지된다. 통장 자동이체 내역에도 TV 수신료가 분리되어 찍힌다. TV 수신료를 분리해서 고지해야 하니까 그렇다. 어쩌다 통장 정리를 해보면 자동이체 항목에 한전 전기요금과 나란히 TV 수신료가 분리 고지돼 찍혀 있는 걸 발견하게 되고 내가 동의한 적도 신청한 적도 없는 것 같은 TV 수신료가 왜 자동이체 방식으로 빠져나가는지 모르겠다며 고개를 갸우뚱한다. 전기요금과 TV 수신료의 징수 주체와 납부 당사자는 변동이 없고, 요금을 고지하는 방식만 바뀌었기 때문에 별도 동의를 따로 받지 않아도 자동이체 방식에 이미 동의한 고객들은 매달 은행 계좌에서 전기요금과 TV 수신료가 알아서 빠져나간다.

이런 사정을 나와 담당 직원이 번갈아 가며 알아듣기 쉽도록 설명해 드렸지만, 어르신은 이해할 마음도 설득당할 생각도 애당초 없었다. 거칠어진 음성은 좀처럼 누그러지지 않았다. 어르신이 원하는 대로 자동이체 계좌를 해지해 드리고 제때에 좀 더 친절하게 민원 전화에 응대하지 못한 점을 공손히 사과드렸다. 그러나 어르신은 막무가내였다. 민원 전화를 귀찮아서 일부러 안 받았다는 점을 순순히 인정하고 사무실 책임자가 나와서 재발 방지를 약속하는 공식적 사과를 해야만 물러가겠다며 버티기 자세로 들어갔다. 민원 사항이 모두 해결됐는데도 여전히 분이 풀리지 않았다. 이어 KBS의 보도 행태가 맘에 안 든다며 KBS 뉴스와 프로그램을 문제 삼았다. 공영방송이 시민들 목소리를 대변하지 못하고 제 역할을 안 한다는 요지였다. 언성은 더욱 높아졌고 분노를 가라앉힐 방법이 마땅치 않았다. 어르신에게 우리는 단지 응징해야 마땅한 나쁜 놈들일 뿐이었다.

좋은 놈들의 몰락

윤석열 전 대통령 술친구였던 방송 문외한 박민 전 사장이 낙하산처럼 취임한 이후 KBS 보도와 프로그램 공정성은 심각하게 훼손됐고, 시청자들 질타가 쏟아졌다. 용산을 향한 온갖 아첨으로 사장 자리를 꿰찬, 이른바 '파우치' 후임 사장 취임 이후에도 KBS 사정은 개선되지 못했다. 20년 넘게 부동의 1위였던 KBS 뉴스 시청률과 신뢰도는 경쟁사에 비해 반토막 아래로 떨어졌다.

유튜브 라이브와 인터넷 뉴스 등 온라인 시장 점유율도 가파르게 처박혔다. KBS가 망가질수록 시청자들 분노는 커졌고 그 유탄은 고스란히 수신료국으로 날아들었다.

수신료국은 업무 특성상 시청자들 민원을 직접 처리하는 고객 응대의 최전선 부서다. KBS 보도나 프로그램이 공정성을 잃어 갈수록 수신료국 사업소마다 시청자들 항의 전화가 빗발치고 수신료를 못 내겠다는 민원도 급증했다. 고품격 다큐멘터리나 웅장한 대하 사극, 품위 있고 공정한 시사 고발프로그램이 방송되면 시청자들은 "수신료가 아깝지 않다", "수신료 값 좀 한다" 같은 찬사를 보내기도 하지만 그 반대로 시청자들 기대를 배신하는 망작이 나오거나 정권의 부당한 압력에 굴복하는 행태를 보이면 "수신료가 아깝다", "수신료 물어내라!"와 같은 비난 폭탄이 여지없이 쏟아진다.

심지어 동두천 어르신처럼 참다못해 수신료국 사무실 문을 박차고 들어서는 시청자도 심심찮게 볼 수 있었다. 때마침 점심식사를 마치고 복귀한 팀장이 어르신을 붙잡고 한 시간 넘게 사정을 간곡히 설명했다. 이 사무실에 근무하는 직원들 대부분은 KBS 내부에서 프로그램의 공정성 몰락에 항의하다 난데없이 보직을 박탈당하고 징계성 발령을 받아 억울하게 쫓겨난 PD, 기자, 아나운서, 카메라맨들이라는 점을 차근차근 말씀드렸다. 그제서야 사무실 직원들이 불쌍해 보였는지 분노를 조금씩 가라앉혔다. 팀장의 간곡한 설명 탓에 9시 뉴스 앵커였던 내 얼굴을 어르신은 이내 알아보았다. 곧 노여움을 풀고 막말과 고성을 질러 미안했다며 내게 다가와 악수를 청했다. 좋은 사람들한테 공연히 화를 내서 미안하다며 힘내 일하라는 격려의 말을 남긴 채 사무실을 총총 떠나갔다. 나는 겸연쩍은 웃음을 머금은 채 어정쩡한 악수를 나누면서도 가슴 한 켠에는 돌덩이가 얹힌 듯 답답했다.

기대가 있어야 실망도 있는 법이다. 기대감이 사라지고 화석처럼 말라비틀어진 공영방송 KBS의 흐릿한 존재감을 생각하면 오히려 거칠게 분노를 터뜨리는 시청자들에게 애정을 남겨 주셔서 고맙다고 감사 인사를 드려도 모자랄 형편이었다. 좋은 사람들이라는 평가까지 내려 준 데 대해 그저 황송할 따름이었다. 수신료국에서 근무하는 사람들이 좋은 사람들이라면 좋은 사람들을 멀리 쫓아낸 낙하산 사장과 경영진들은 나쁜 사람들일까? 좋은 사람들에게도 종종 나쁜 일이 생긴다.

삼성그룹 창업주였던 故 이병철 회장은 불치병으로 시한부 판정을 받았다. 타계하기 한 달 전 명망 높은 천주교 정의채 몬시뇰 신부님께 고뇌에 찬 24가지의 마지막 질문을 던졌다. 신의 존재 여부와 창조론, 사후 세계의 존재 등에 대한 질문이었다. 다섯 번째 질문은 "신의 섭리가 있다면 왜 인간에게 고통과 불행이 존재하는가?"였다. 즉 신이 인간을 사랑한다면 왜 착한 사람들이 고통을 받으며, 왜 나쁜 사람들이 더 잘 사는가?라는 취지의 질문이었다. 속세에서 온갖 부귀와 권세를 누리며 부족함을 모르고 살았을 텐데 그는 삶의 마지막 순간에 자신이 나쁜 사람일지도 모른다는 생각이 불쑥 들었던 걸까? 천국과 지옥의 존재 여부를 궁금하게 여겼던 그는 자신의 자리가 어디쯤 있을지 못내 궁금했을까? 자신이 나쁜 사람이라면 지옥에라도 떨어져 불구덩이 속에서 영원히 고통받지 않을까 걱정이 들었을지도 모르겠다. 평생 무신론자로 살았다던 그도 죽음 앞에선 결국 나약한 인간에 불과했을 것이다.

자신이 좋은 사람이 아니란 걸 깨닫는 순간, 아주 조금 더 좋은 사람이 된다고 평론가 신형철은 산문집 『슬픔을 공부하는 슬픔』에서 말했다. 동두천 어르신의 말대로 나는 좋은 사람인가? 조금씩 좋아지는 중인가? 아니면 나쁜 사람인가? 나빠지는 중인가? 사람들은 선한 얼굴로 무심하게 남의 살을 벤다.

여섯 번째

거짓말의
색깔과 온도

내 죽음을 알리지 말라

　KBS 대하드라마 〈불멸의 이순신〉은 김훈 작가의 장편소설 『칼의 노래』가 원작이다. 오랫동안 신문기자 생활을 했던 김훈 작가는 이 소설로 2001년에 동인문학상을 수상하며 본격적인 작가로 전향했다. 『칼의 노래』 집필을 위해 작가는 충남 아산 현충사 이순신 장군 사당에서 장군의 영정과 거대한 장군도를 하루 종일 마주하며 시공을 초월하는 대화를 여러 날 거듭했다. 작가는 작품에서 이순신 장군 최후의 날인 노량해전 전황을 생생하게 포착했다. 왜군 총탄에 맞고 장군이 갑판 위에 쓰러졌을 당시 급박했던 상황을 이렇게 썼다.

"갑자기 왼쪽 가슴이 무거웠다. 나는 장대 바닥에 쓰러졌다.

군관 송희립이 방패로 내 앞을 가렸다. (중략)

나는 졸음처럼 서서히 그러나 확실히 다가오는 죽음을 느꼈다.

— 지금 싸움이 한창이다. 너는 내 죽었다는 말을 내지 말라.

내 갑옷을 벗기면서 송희립은 울었다.

— 나으리 총알은 깊지 않사옵니다.

나는 안다. 총알은 깊다. (중략)

오랜만에 갑옷을 벗은 몸에 서늘한 한기가 느껴졌다. (중략)

세상의 끝이…… 이처럼… 가볍고…

또… 고요할 수 있다는 것이…

칼로 베어지지 않는 적들을…

이 세상에 남겨 놓고… 내가 먼저…"

무술년(戊戌年, 1598년) 11월 노량의 바다는 사납고 차가웠다. 철수하는 일본 수군 주력을 만난 이순신 장군은 사흘 밤낮 동안 계속된 전투에서 적선 200여 척을 격침시켰다. 기어이 달아나는 왜군을 쫓다 대장선 장대 위에서 왜군 총탄을 맞고 53세로 불멸의 삶을 마감했다. 장군은 전쟁 승리를 위해 최후의 순간에 아군들 사기가 꺾이지 않도록 자신의 죽음을 알리지 말라고 했다. 사실대로 말하는 대신 침묵으로 상황을 은폐하는 이 거룩한 행위….

그러나 이것도 성경에선 거짓말이라고 했다. 상대방이 제때 사실을 알지 못하도록 상황을 유도하고 방치했기 때문이다. 그래서 십계명을 통해 성경 맨 앞장부터 거짓말을 하지 말라고 가르치고 있다. 선의든 악의든 거짓말은 악으로부터 비롯된 것이며 예라고 대답해야 할 때는 '예'라 말하고, 아니라고 대답해야 할 땐 '아니오'라 말하라고 가르치고 있다. 이순신 장군이 최후의 순간에 선택한 행동도 성서의 잣대대로 엄격하게 해석하면 거짓말인 셈이다. 거짓말은 침묵을 포함한다. 생과 사의 갈림길이 종잇장보다도 얄팍한 살벌한 전쟁터에서 적을 기만하는 전략적 거짓 행동을 일상의 잣대로 가늠할 수는 없는 일이겠지만 말이다.

착한 거짓말

사람들은 매일 거짓말을 하면서 산다. 나도 그렇다. 거짓말의 사전적 의미는 사실이 아닌 것을 사실인 것처럼 꾸며 대는 말이다. 남을 속이기 위해서 또는 나를 속이기 위해서 아니면 둘 다 속이기 위해서 사람들은 거짓말을 한다. 거짓말에는 색깔과 온도가 있다. 나의 이득을 챙기기 위해 남에게 해를 끼치는 거짓말은 가장 악질적이면서도 얼음장 같은 사악한 거짓말로 '시커먼 거짓말'이라고 한다. 선거를 앞두고 정치권에서 상대 후보를 비방 모략하는 거짓말, 승진이나 진급을 앞둔 회사에서 경쟁하는 동료를 근거 없이 모함하는 거짓말이 이런 부류라 할 수 있다. 주로 사기꾼이나 협잡꾼, 범죄자들의 거짓말이다.

그런가 하면 의도가 뻔히 보이지만 알면서도 모르는 척 속아주고, 속아도 크게 기분이 상하지 않는 거짓말은 미지근하면서도 뭔가 속물적인 감성이 느껴지는 거짓말이다. 우리는 이를 새빨간 거짓말이라고 부른다. 장사꾼이 밑지고 판다거나 노인이 얼른 죽고 싶다고 하는 종류의 거짓말들이 이런 부류다. 자기방어이자 자기기만, 자기 위로의 수동적 거짓말이다. 살면서 가장 자주 하는 거짓말은 남에게 해를 끼치지 않고 사실을 알게 돼도 크게 기분 나쁘지 않은 선의의 거짓말이다. 도덕적인 거짓말 또는 착한 거짓말이라고 하고 색깔로 따지면 주로 하얀색 계통이다.

유행이 한참 지난 옷을 나름 깔끔하고 차려입고 나온 동료에게 정말 멋지다고 말해 주는 센스 있는 직원, 삶의 의지를 포기한 불치병 환자에게 특효약이 개발됐다며 비타민이라도 처방해 주는 의사, 기름진 음식을 싫어한다며 모처럼 사온 통닭 한 마리를 어린 자식들 앞에 내어놓고 멀찍이 물러섰던 어린 시절의 내 어머니, 자신의 죽음을 알리지 말라며 노량해전에서 최후를 맞이한 이순신 장군의 거짓말은 모두 따뜻하고 선하며 사람 냄새가 훈훈하게 나는 하얀 색깔 계통의 거짓말이다.

수신료국으로 발령이 났다는 사실을 나는 가족에게 말하지 못했다. 지인들에게도 당연히 말하지 않았다. 먼저 물어 오지 않았으니까…. 부끄러운 일은 결코 아니지만 자랑할 만한 일도 아니라는 생각이 들었다. 언젠가 자연스럽게 알게 될 테지만 그때까지 스스로 털어놓지 않으리라 생각했다. 못난 가장이 조직에서 떠밀려 변방 한직(?)으로 내려앉았다는 사실을 알게 되면 당사자인 나보다 가족들 상심이 더 클 터였다. 나는 날마다 무언의 거짓말을 하며 살았고 날마다 피로워야 했다.

어찌 알았는지 멀리 사는 친동생에게 전화가 왔다. 신임 사장 취임 이후 보복성 조치로 PD, 기자, 앵커, 아나운서 등 방송현업에 있던 제작자들 상당수가 수신료국으로 강제 발령 났다는 짤막한 신문 기사를 보았다며, 그 기사 안에 9시 뉴스의 전 앵커였던 내 이름이 실명으로 박혀 있노라는 내용을 전해 주었다. 위로와 격려의 인사도 함께 겸했다. 다른 가족들이 그 기사를 아직 발견하지 못해 다행이라는 생각과 함께 괜찮다는 말을 담담하게 전했다. 또 가족들에게 특히 어머님에게 알리지 말 것을 당부하며 통화를 마쳤다. 괜한 걱정을 끼쳐 드리는 게 싫어서 부탁을 했지만, 동생에게 나의 거짓말 행진에 동참해 달라고 권유한 꼴이 돼서 조금 미안했다.

거짓말보다는 착각을…

월요일 아침부터 부산하게 민원 전화가 울었다. 전화기 너머로 들려오는 목소리는 신경질적이고 까칠한 고음이었다. 경기도 고양시에 사는 50대 여성이었다. 불러 주는 대로 TV 관리번호를 조회하니 백석동 먹자골목 근처에 있는 다세대 주택 단지, 이른바 빌라촌에 사는 2층 거주자였다. 항공사진과 거리뷰를 띄워 보니 빨간 벽돌 건물에 중간중간 V자 무늬가 양각으로 새겨져 있는 3층짜리 건물이었다. 1층엔 어린이집, 앞집과 옆집에 양꼬치 식당과 타이어 판매점이 각각 들어서 있었고 2층과 3층은 가정집이었다. 전산 조회 결과 여성이 거주한다는 2층 세대는 5개월치 TV 수신료와 미납 가산금을 모두 합쳐 12,710원이 연체돼 있었다.

민원 요지는 간단했다. 수신료가 연체됐다는 청구서가 우편으로 발송됐는데 본인은 미납금과 연체금을 한 달 전에 모두 지정된 은행 계좌로 납부했으며 더 이상 납부할 수신료 연체액이 없다고 주장했다. 당황스러웠다. 수신료 전산망에는 자동이체 방식으로 연결됐던 신용카드가 이미 다섯 달 전에 해지돼서 미납금과 가산금이 누적돼 있었다. 연체가 시작된 이후 현재까지 다섯 달 동안 연체액이 도중에 수납된 기록은 존재하지 않았다. 여성 민원인이 거짓말을 하는 건지, 전산 기록에 오류가 있는 건지 당장 파악할 방법이 없었다. 본사에 정밀 조회를 의뢰한 이후에 경위 파악이 되면 다시 연락을 드리겠다고 양해 말씀을 전한 채 서둘러 통화를 마쳤다.

확인 결과 이 여성은 거주지 근처에서 조그만 노래방을 하나 운영하고 있었다. 동일한 휴대전화 번호로 주소지가 서로 다른 두 대의 TV 수상기가 등록돼 있었다. 하나는 거주지이고 하나는 사업장이었다. 노래방 사업장에 있는 TV 수상기에도 5개월째 수신료가 연체됐던 기록이 나왔다. 여성이 한 달 전에 일괄 수납했다고 주장한 수신료 연체액과 가산금은 이 노래방에 부과된 TV 수신료였다. 잠시 후 나는 여성에게 전화를 걸어 이런 사정을 설명했다. 여성은 사업장과 거주지의 TV 수신료를 따로따로 내야 하는 건지 몰랐다고 말했다. 나는 연체기록이 쌓이기 시작한 다섯 달 이전에는 수신료를 따로따로 잘 내오지 않았느냐고 반문했다. 여성은 잠시 당황하더니 미납된 수신료 연체금이 거주지인지 사업장인지 잠시 헷갈렸다고 말을 바꿨다.

사업장과 거주지 두 곳에서 수신료 연체가 동시에 시작됐다. 노래방 수신료는 모바일로 청구돼 신용카드로 자동이체 하는 방식이었고, 거주지 수신료는 우편으로 청구돼 거주자가 직접 은행계좌로 납부하는 직접 납부 방식이었다. 납부 방식이 서로 달라 헷갈릴 가능성이 거의 없었다는 말을 하려다가 나는 멈칫 말문을 닫았다. 가시 돋친 민원인을 거짓말쟁이로 몰아붙여 감정을 상하게 하면 서로 좋을 게 없다는 생각이 들었다. 사소한 거짓말을 무해한 착각으로 치환하면 당사자에게 도망갈 장소가 생기는 법이다. 나는 그런 착각을 하는 분들이 종종 있으니 미납된 연체금을 얼른 납부하시는 게 좋겠다고 웃는 목소리로 답변했다. 까칠했던 여성의 목소리엔 이내 온기가 돌았다. 연체금을 바로 납부할 테니 가상계좌를 보내 줄 것과 거주지에 부과되는 수신료를 앞으론 신용카드 자동이체 방식으로 바꿔 줄 것을 요구했다. 분리 납부를 괜히 신청했더니 그동안 은행까지 매번 번거로운 발걸음을 했노라며 투정 반 웃음 반 농담까지 던졌다. 싸우려던 민원인과 농담 섞인 웃음을 나누며 기분 좋게 통화를 마쳤다. 알고도 모르는 척 사소한 거짓말은 때로 생활의 윤활유가 되기도 한다.

정말로 미안하다는 거짓말

거짓말의 유혹은 달콤하다. 10여 년 전 나는 태국 방콕에서 아시아 남부 지역을 총괄하는 뉴스 특파원이자 지국장으로 3년간 근무했다. 방콕은 전 세계 여행자들에게 천국 같은 도시다. 비교적 저렴한 비용으로 볼거리, 놀거리, 먹을거리가 풍부해서 세계 각국 여행자들이 가장 많이 몰려드는 곳이다. 우리나라 사람들이 생애 처음으로 방문하는 해외 첫 여행국가 1위가 바로 태국이다. 특히 방콕 카오산 로드는 태국의 전통적인 멋과 초거대 도시 방콕의 현대적인 낭만이 한데 어우러져 가성비를 최고로 따지는 가난하고 젊은 배낭 여행자들에게 성지(聖地)라 불리는 지역이다.

그 시절 방콕 특파원 업무의 절반은 여행객들 영접이라 할 정도로 직장동료, 친구, 지인들 방문이 잦았다. 여느 때처럼 일상적인 회사 업무를 마무리하고 사무실에서 퇴근 준비를 하던 어느 날이었다. 낯선 발신 번호가 찍힌 휴대전화를 받아 보니 국내에서 평소 알고 지내던 대학 후배였다. 주식으로 전업 투자를 하겠다며 멀쩡히 잘 다니던 회사를 그만두고 부모님 집에 몇 년째 얹혀살고 있다는 근황은 방콕 부임 전에 들어서 알고 있었다.

"형님!, 저 ○○예요. 지금 동남아 여러 나라를 배낭 여행중인데요. 오늘 방콕에 들어왔어요. 저녁때 술이나 한잔 사주세요."

낯설고 물선 객지에서 따뜻한 저녁 한 끼 도움을 청하는 후배 전화를 마다할 수 없었다. 약속 장소로 나가 보니 후배는 배낭 여행자들 전형적인 모습 그대로 피곤한 표정에 남루한 행색이 역력했다. 베트남, 캄보디아, 라오스를 거쳐 보름 만에 향락의 소비 도시 방콕에 들어온 헐벗고 굶주린 배낭여행자였다. 모처럼 얼큰하게 한식을 먹고 싶다는 후배에게 교민이 운영하는 고급 한식당에서 소갈비에 김치찌개 전골을 곁들여 푸짐하게 만찬을 대접했다. 서울에서 물 건너온 비싼 소주도 반주 삼아 곁들여졌다. 모처럼 긴장이 풀린 탓인지 후배는 달콤한 소주를 물 마시듯 마셨다.

만찬은 끝나 가고 얼큰하게 취기가 오른 후배는 머나먼 타국 땅에서 오랜만에 만난 선배를 순순히 보내 줄 생각이 없었다. 2차로 입가심이나 하자며 카오산 로드에서 맥주를 딱 한 잔만 더하자고 내 팔을 잡아끌었다. 2차로 자리 잡은 카오산 로드의 한 대형 바(Bar)에는 은은한 조명에 잔잔한 재즈 음악이 배경으로 깔렸다. 고단한 여정을 소곤소곤 달래는 세계 각지 배낭 여행자들이 잔뜩 모여 있었다. 여행객들 가운데쯤 적당히 자리 잡고 두런두런 지나

온 여정을 자랑하며 맥주잔을 몇 순배 기울이던 후배는 더욱 취기가 올랐다. 삶은 홍당무처럼 불그스레 달아올랐던 얼굴은 어느새 조금씩 창백해졌다.

슬슬 자리를 정리하고 일어설 때가 됐다고 느낀 순간 후배가 화장실을 가겠다며 갑자기 자리를 떴다. 그러나 이내 몇 발자국 옮기지 못하고 드넓은 홀 가운데에 멈춰 섰다. 그 순간 '우우웩~' 하는 괴성과 함께 후배는 기어이 대형 사고를 치고 말았다. 과도한 알코올 흡수 부작용으로 저녁 내내 먹었던 걸쭉한 음식물을 드넓은 홀 한복판에 고스란히 쏟아 냈다. 토사물의 시큼하고 혐오스러운 악취에 놀란 여행객들은 9·11 폭탄 테러를 만난 듯 일제히 비명을 질러 댔다. 혼돈의 아수라장에 다국적 대망신 잔치였다. 아! 이토록 추잡한 어글리 코리안(Ugly Korean)이라니…! 빨리 사태를 수습하고 자리를 벗어나야 했다. 나는 순간적으로 뛰쳐나가 세계 각국 여행자들에게 거듭 머리를 조아리며 소리 높여 사과했다.

"스미마셍! 스미마셍!(すみません, 죄송합니다!)
혼또우니 스미마셍!(ほんとうに すみません, 정말 죄송합니다!)
나니시떼르노? 하야쿠 오이데(なにしてるの?, 早く おいで, 뭐 하고 있어, 빨리 오라구)"

코를 틀어막고 온갖 인상을 찌푸리는 세계 각지 여행자들에

게 거듭 소리 높여 외쳤다. 얼른 후배를 낚아채 서둘러 계산을 치르고 술집을 도망쳐 나왔다. 술값보다 다섯 배나 많은 팁을 청소비 명목으로 지불했다. 아득한 과거에 군대를 만기제대하고 복학을 앞둔 대학생 시절, 등록금이라도 벌어 보겠다며 서울 이태원 뒷골목의 모조(짝퉁) 가죽제품 가게에서 일본 관광객들을 상대로 가방, 액세서리, 가죽점퍼 등을 팔며 어깨너머 배웠던 일본어가 이토록 요긴하게 쓰일 줄은 꿈에도 몰랐다. 나는 한국말을 안 했을 뿐이지 거짓말은 하지 않았다. 진심으로 미안했으니까…. 지금도 진심으로 미안하다. '혼또우니 스미마셍(ほんとうに すみません)'이다.

일곱 번째

우회하지 말고
후회하세요

존재의 이유

"I would prefer not to (do)."

직역을 하면 "나는 하지 않는 쪽을 선호합니다"고 의역을 하면 "나는 하고 싶지 않습니다" 또는 "나는 하지 않겠습니다" 정도가 되겠다. 19세기 미국 문학계의 거장이자 장편소설 『모비딕』의 작가 허먼 멜빌(Herman Melville)이 쓴 단편 「필경사 바틀비」에 가장 많이 나오는 말이다. 법률 조문을 베껴 쓰는 단순 업무 담당이었던 필경사(筆耕士) 바틀비는 어느 날부터 상관인 변호사 지시에 입버릇처럼 이 말을 내뱉으며 아무 일도 하지 않는다. 결국 해고자 신세가 되고 부랑자로 몰려 감옥에 수감된다. 감옥에선 음식마저 거부한 채 아무것도 안 하며 극단적으로 게으름을 피우다 스스로 굶어 죽는 아주 난해한 성격의 인물이다.

어떤 이는 초기 자본주의 사회에서 점차 고립되어 가는 인간의 자유의지를 강조한 작품이라고 하고 또 어떤 이는 삭막한 물질주의에 매몰된 인간 존재의 나약함을 풍자한 작품이라고 해석한다. 허먼 멜빌의 작품 가운데 짧으면서도 강렬하고 가장 난해한 작품이라고 평론가들은 말한다. 해석은 자유지만 생존 자체를 거부할 만큼의 궁극적 나태함으로 존재의 이유를 찾으려는 인물이 실제로 존재할 수 있을까 싶기는 하다.

요즘 나는 약간의 나태함과 순수한 자유의지로 아침 8시 30분에 출근길에 나선다. 업무 시작 딱 30분 전이다. 직장과 집이 가까워지면 출근길이 좀 여유로울 거라는 생각은 엄청난 오판이었다. 경기도 일산에 있는 집에서 여의도까지 한 시간 가까이 직접 운전을 하면서 출근할 때나 대중교통을 타고 서너 정거장 뚝딱 출근할 때나 사무실 도착시간은 8시 50분으로 거의 똑같다. 우주 시공간을 지배하는 시간과 거리의 물리적 법칙을 간단히 초월해 버리는 내 출근길은 참으로 난해하다. 경기도 의정부시에 있는 KBS 수신료국 경기북부 사업지사로 발령이 난 지 한 달여 만에 고양시에 고양분소가 새로 생겼다. 경기북부 사업지사 관할 지역으로 있던 고양시, 파주시, 양주시, 남양주시, 구리시 등이 고양분소 담당지역으로 떨어져 나왔다.

나는 거주지가 고양시라는 이유로 동두천, 포천, 연천 이른바 삼천(三川) 지역을 그대로 담당구역으로 끌어안은 채 고양분소로 재차 파견 발령이 났다. 새로 생긴 고양분소는 지하철 3호선 원당역 바로 앞에 있는 18층짜리 신축건물 한편에 약 50여 평 규모로 자리를 잡았다. 집에서는 지하철로 딱 두 정거장이고 999번 시내버스에 오르면 갈아타는 번거로움 없이 20분 만에 사무실에 도착한다. 회사 생활 30여 년 만에 처음으로 맛보는 직주근접 업무 환경이다. 2시간 가까이 직접 운전을 하며 일산서 여의도를 왕복하던 고단한 통근길에서 드디어 해방됐다. 자동차를 지하 주차장에 고이 모셔 두고 지하철이나 버스로 대중교통을 이용해 통근하니 몸도 맘도 훗훗해서 좋았다.

출퇴근 시간이 단축되면 뭔가 생산적인 자기계발 시간이 좀 더 확보돼야 할 텐데 나는 그러지 못했다. 껌딱지처럼 눌어붙은 내 안의 게으름을 온전히 떼어 내지 못했다. 양심의 가책을 조금이나마 달래 볼 요량으로, 또 흔들리는 버스 안에서 스마트폰을 쳐다보며 침침한 눈을 비벼 대는 게 싫어서 짬짬이 소설이나 수필을 읽어 보자고 결심했다. 가외 시간을 공짜로 얻은 기분이 들었다. 인생사 새옹지마라더니 옛말은 틀리는 일이 없는가 보다. 시내버스에 타자마자 처음 펼쳐 든 책이 정유정 작가의 장편소설 『영원한 천국』이었다.

'도망치지 않고 견뎌 낼 수 있다면 내가 세상에 존재하는 이유를 알 수 있지 않을까?'라는 표지 문구가 내게 뭉클한 울림을 주어 무심히 집어 든 책이었다. 표지의 도발적 문구와 달리 작가는 인간의 끝없는 욕망과 그 덧없음을 풍자하고 싶은 것 같았다. 과학과 문명이 고도로 발달하고 진화될수록 인간의 욕망도 끝없이 부풀려졌고, 마침내 영원불멸의 존재, 불사의 존재가 되어야만 직성이 풀리고야 말 거라는 암시처럼 들렸다. 올라가려고만 하고 내려올 줄 모르는 인간, 품위 있게 내려오기를 거부하다 절규하고 절망하는 어리석은 인간들 속에 다름 아닌 내가 있었다는 생각이 들었다.

아무리 절망적인 상황에 떨어졌다 하더라도 존재해야 하는 이유를 알고 살아가는 사람은 죽음 같은 고통도 이겨 낼 수 있다고 오스트리아 정신분석학자 빅터 프랭클은 그의 저서 『죽음의 수용소에서』를 통해 일찍이 밝혔다. 그는 나치 수용소에서 지옥보다 더한 죽음의 공포를 극복하고 후세에 정신치료 요법의 제3학파라고 불리는 '로고테라피 학파'를 창시해 자신의 존재 이유를 널리 세상에 알렸다. 나도 다시금 존재의 이유를 알아야만 했다. 견뎌 내야 했다.

'후회하시기 바랍니다'

수신료국 고양분소에서 함께 일하는 동료들은 모두 10명이다. 서로 모르려야 모를 수 없는 단출한 규모다. 라디오국에서 시사 교양 프로그램을 제작하던 PD, 야외에서 스튜디오에서 사극이나 드라마를 찍던 카메라맨, 묵직한 ENG 카메라를 둘러메고 뉴스 현장을 바람처럼 누비던 촬영기자, 각종 사건 사고와 재난현장에서 또는 격동의 역사 현장에서 생생한 뉴스를 안방에 전달하던 취재기자와 앵커 등 직종도 직위도 연령도 다양하다. 각자 영역에서 프로그램 제작자로 역량을 맘껏 발휘하며 과거 KBS의 독보적인 경쟁력을 키우는 데 공헌했던 제작 전문가들이다. 하지만 지금은 조직 내부 경쟁에 밀려나서, 간부들에게 밉보여서, 정권에 비판적이어서, 나이가 많아서 등등 나름의 이유로 수신료 징수 현장에 내몰려 있다. 찬란했던 과거의 아픔을 안으로 삭이며 민원인들과 날마다 전쟁을 치르느라 마음의 상처를 안고 사는 처지가 비슷한 사람들이다.

조촐하게 열린 고양분소 개소식 행사를 마치고 일과 후에 시간이 허락되는 사람들끼리 막걸리 회식이나 하는 게 어떠냐고 제안을 했더니 모두들 기다렸다는 듯 물개 박수를 쳤다. 고양시 원당시장 근처 대폿집에 막걸리 사발과 시금시금한 가오리찜 한 접시를 앞에 놓고 왁자하게 둘러앉았다. 암울한 공영방송 KBS의 미래에서부터 시작해 눈부셨던 과거의 영광, 각자를 유배시킨 직장 간부들 험담, 정년퇴직 이후 예상되는 삶의 진로, 세월의 무게에 짓눌려 날로 쇠락해 가는 몸과 마음 등 삶의 절정을 지나온 자들의 추억과 회한이 차례차례 술상의 안줏거리로 소환됐다. 동병상련의 아픔을 막걸리 한 잔에 씻어내 보려는 맘들이 이심전심으로 통했는지 모처럼 시간을 잊고 거나하게 술잔을 기울였다.

　　나이를 거스른 과도한 음주의 말로는 언제나 가혹하다. 다음 날 아침 나는 맷돌을 얹은 듯 짓누르는 묵직한 두통과 꺼끌꺼끌한 철 수세미를 삼킨 것처럼 쓰라린 위장을 부여잡고 비척비척 출근길에 나섰다. 간밤에 내린 진눈깨비는 얼다 녹다를 반복하며 새벽녘에 군데군데 살얼음판을 만들었다. 엉금엉금 기어가는 출근길 차량을 바라보며 어깨를 잔뜩 웅크린 채 종종걸음을 재촉했다. 길 건너 버스 정류장엔 미끄러지듯 통근버스가 서서히 다가오고 있었고 횡단보도에선 녹색불이 깜빡깜빡 점멸등을 재촉했다. 저 버스를 놓치면 이른 아침 혹한에 10여 분을 또 기다려야 한다는 생각에 잰걸음을 놀려 횡단보도를 향해 막 달려가던 찰나였다. 갑자기 미끄덩 두 다리가 허공으로 떠올랐다. 사락사락 싸락눈이 내려앉은 살얼음판에 구두가 벌러덩 미끄러지며 '꽈당탕' 엉덩방아를 찧고 말았다. 아픈 건지 망신스러운 건지 생각할 겨를도 없는 사이 시내버스는 속절없이 떠나갔다.

　　욱신거리는 허리와 엉덩이, 손목을 주무르며 부랴부랴 사무실 책상에 앉아 휴대전화를 열어 보니 다급한 문자 메시지가 여러 통 쌓여 있었다. 고양시에서 주민들에게 재난이나 응급상황이 생겼을 때 발송한다는 〈재난안전 안내문자〉도 한 통 들어 있었다. 내용은 이러했다.

　　"자유로 이산포JC부터 파주 방향 결빙으로 인한

교통사고 발생으로 차량 정체중.
후회하시기 바랍니다. (고양시)"

사무실 컴퓨터 아침뉴스 화면에는 '자유로에서 차량 44대 연쇄추돌 사고'라는 시뻘건 자막이 선명하게 흐르고 있었다. 아! 나는 곧바로 후회했다.

'어젯밤 대책 없이 과음을 하지 말았어야 했는데…'
'출근길에 좀 더 여유 있게 나와 허겁지겁 뛰지 말았어야 했는데…'

실수하고 넘어지고 후회하면서 하루하루를 건너간다. 그렇게 한 걸음씩 도망치지 않고 견디면서 즈려밟고 가다 보면 존재의 이유를 찾을 수도 있겠다.

여덟 번째

지연된 정의(正義)

지연된 정의는 정의가 아니다

"인간의 영욕이라는 것이 밀물 썰물과 다르지 않고
정쟁(政爭)에서 화를 당하는 것은 빠른 물살을 만나
죽방렴에 갇히는 재앙과 같다는 생각을 하였습니다.
삶기고 말라가는 지붕 위의 멸치와 다름이 없는 이 몸은
남해의 물을 다 기울여도 씻지 못한 누명이거늘
오늘 밤, 밝은 스승과 어진 벗이 그리울 뿐입니다."

김만중 문학상 수상작인 시인 공광규의 시집 『지족해협에서』에 수록된 '유배일기1'의 한 구절이다. 홍문관, 대제학을 지낸 조

선 후기 문신 김만중은 숙종 때 기사환국(己巳換局)으로 서인들이 몰락하는 과정에 억울하게 휩쓸려 경상남도 남해군으로 유배됐다. 가족과 생이별을 당한 채 말년을 곤궁하게 살다 56세를 일기로 유배지에서 쓸쓸하게 생을 마감했다. 고달픈 귀양살이 속에 임금을 생각하고 노모를 그리워하며 창작한 소설이 『사씨남정기』와 『구운몽』이다.

자신의 정치적 복권을 도모하려 쓴 작품으로 추정되는 소설들이 후세까지 널리 알려져 유배(流配) 문학의 정수로 칭송받고 있다. 김만중의 말년은 자신의 소설 속 주인공처럼 권선징악의 해피엔딩이 아니라 비통하고 고독한 죽음이었다. 공광규 시인은 김만중의 유배지였던 경남 남해 지역 어민들이 물때에 맞춰 갯벌에 죽방렴을 박아 넣는 방식으로 고단하게 멸치잡이하는 광경을 바라보며 예리한 상상력을 덧칠해 추모시를 창작했다. 말년의 김만중이 기약 없는 귀양살이에서 느꼈을 억울함과 분노를 생생한 시적 언어들로 표현했다.

민원인들과 고단한 입씨름을 하던 중에 컴퓨터 화면에 '속보' 알림이 떴다. 김의철 전 KBS 사장 해임은 부당하며 해임 처분을 취소해야 한다는 1심 법원 판결이 나왔다는 내용이었다. 해임된 지 1년 4개월 만이었고 그가 해임이 안 됐더라면 마땅히 채워졌을 임기도 이미 한 달 넘게 지나간 뒤였다. 해임 취소 처분이 대법원에서 최종적으로 확정되고 그의 억울함이 뒤늦게 신원(伸冤)된다

하더라도 그가 다시 KBS 사장으로 복귀할 방법은 영영 없다는 뜻이다.

2023년 9월 KBS 임시이사회가 김 전 사장의 해임을 의결할 당시 제기했던 ▲무능 방만경영 ▲불공정 편파방송 ▲수신료 분리 징수 관련 직무유기 ▲편향된 인사정책 ▲취임 공약 불이행 등 6가지 해임 사유는 법원에서 하나도 인정되지 않았다. 윤석열 전 대통령이 서둘러 재가한 해임 처분은 처음부터 억지였고 불법이었다는 게 법원 판단이었다. 그러면서 "방송의 자유와 독립을 보장하려는 방송법의 목적 등에 비추어 볼 때 위의 사정들로 원고를 해임하는 건 KBS의 독립성을 해치는 것"이라고 명시했다.

지연된 정의는 정의가 아니라는 법조계 금언대로 정의와 상식에 기반한 합당한 판결일지라도 결정이 너무 늦어지면 더 이상 정의가 아니다. 사필귀정(事必歸正)이지만 만시지탄(晚時之歎)이었다.

공영방송 상륙작전

김의철 전 사장 재임 당시 나는 KBS 9시 뉴스 앵커였고, KBS 보도본부의 뉴스 해설위원장, 저널리즘 책무실장이었다. 윤석열 전 대통령은 집권 이후 한상혁 당시 방송통신위원장과 정연주 방송통신심의위원장을 해임했고, 이어 권태선 방송문화진흥회 이사도 해임하려 했다. 양대 공영방송인 KBS와 MBC를 장악하기 위한 정권 차원의 공작이 진행됐다. 법인카드 업무추진비 사용내역 등을 문제 삼아 KBS 남영진 이사장을 전격 해임했다. 거수기 역할을 자처한 서기석 이사장을 필두로 임시이사회를 급조해 KBS 김의철 사장을 자신의 술친구였던 박민으로 갈아 치웠다.

윤석열 대통령이 서둘러 재가한 남영진 전 이사장 해임안은 1년 4개월 만에 서울행정법원에 의해 해임처분 취소 결정이 내려졌다. 그에게 제기됐던 6가지 해임사유는 모두 부당하다고 법원은 판시했다.

낙하산이었던 박민 전 사장 취임 이후 KBS는 몰락의 길로 처박혔다. 전임 사장 당시 주요 보직을 맡았던 간부들은 일요일 밤 기습적인 인사 발령으로 일제히 한직으로 내몰렸다. 대통령의 술친구 박민과 '파우치' 박장범이 윤석열, 김건희의 친위대처럼 정권 홍보 방송 만들기에 정신이 팔린 사이 KBS 신뢰도는 추락하고 시청률과 청취율은 '폭망'했다. 광복절에 일본 기미가요를 부르는 오페라가 편성됐고, 뇌물을 뇌물이라 부르지 못하는 대통령 신년 대담 이른바 '파우치' 대담이 방송됐다. 부정선거 음모론자, 내란 옹호론자인 극우 유튜버가 라디오 시사 프로그램 진행자로 전격 발탁됐고 모욕과 좌절을 견디지 못한 직원들은 회사를 떠났다. KBS는 회복하기 힘든 수준으로 망가졌고 공영방송 파괴행위는 나날이 노골화됐다.

공영방송 파괴의 완결은 바로 수신료 분리 징수 정책이었다. 정권 교체 이후에도 김의철 전 사장이 임기 완료를 주장하며 사퇴를 거부하자 수신료 분리 징수 정책을 통해 공영방송의 목줄을 죄려는 시도가 회사 안팎에서 추진됐다. 정권에 줄을 대고 자리를 탐하던 사내 보수성향의 일부 인사들이 보수 여당과 정치권, 보수 시민단체와 한 몸처럼 움직여 언론 정상화라는 명목으로 공청회를 열었고 KBS 수신료 분리 징수 정책 시행을 강력히 주장했다. 서둘러 사장을 쫓아내고 주요 보직을 차지하려는 일부 사내 인사들이 마을 우물에 독을 타버리고 밥솥에 재를 뿌리듯 치명적인 자해(自害) 공갈극을 벌였다. KBS의 가장 약한 고리인 수신료 제도의 뼈대를 흔들어 김 전 사장 사퇴를 압박하고 공영방송을 장악하려는 음모는 이렇게 기획됐고 신속하게 마무리됐다.

공영방송이자 국가 기간방송인 KBS의 재원 위기는 곧바로 공적 콘텐츠 제작과 공공 서비스 위축으로 이어졌다. 그 피해는 고스란히 국민에게 돌아갔다. 해외교포, 북한동포, 북한이탈주민, 장애인, 다문화 가정, 도서벽지 지역민 같은 사회적 약자들을 위해 제작되는 프로그램들이 줄줄이 축소되거나 폐지됐다. 공영방송 장악을 위한 정권 차원의 상륙작전은 신속하고 기민하게 진행됐고, 그 피해는 시청자와 우리 사회에 떠넘겨졌다.

오만한 권력의 비참한 말로

수신료를 성실히 납부하던 시청자들 대부분은 분리 징수가 시행되면서 별도로 고지된 수신료 청구서를 들고 은행 창구를 직접 방문하는 등 더 큰 불편을 겪었다. 한국전력과 KBS, 아파트 관리사무소 간에는 TV 수신료 징수 업무를 어떻게 분장해야 좋을지 의견 차이가 생기면서 수신료 징수 비용이 크게 늘었고 사회적 비효율도 증가했다. 수신료 분리 징수는 정권의 공영방송 장악을 위한 불순한 목적을 달성하는 것 말고는 사회 구성원 누구에게 어떠한 편익도 제공하지 못했다. 공영방송에 대한 철학이 없는 오만한 권력이 홧김에 몽니를 부렸다고밖에는 달리 해석할 여지가 없었다.

김만중을 죽음의 유배길로 내몰았던 희빈 장씨는 결국 중전에서 폐위돼 궁궐 밖으로 쫓겨났고 사약을 받아 처절히 반항하다 비참하게 죽임을 당했다. 강력한 왕권을 도모하기 위해 세 차례 걸친 환국(換局) 정치를 펼치며 수백 명의 선비들을 형장의 이슬로, 죽음의 귀양길로 내몰았던 임금 숙종은 과도한 업무 스트레스로 두창(痘瘡, 천연두)과 종창(腫脹, 종기)을 앓다 병사했다. 검찰과 권력을 사유화해서 공영방송을 권력의 애완견으로 만들고 국민을 분열과 갈등으로 내몰았던 윤석열 전 대통령은 내란 우두머리 혐의로 구속됐고 탄핵 심판을 통해 대통령직에서 파면됐다. 언론 자유와 민주 헌정 질서를 난폭하게 유린한 역사의 죄인으로 비루한 오명을 후세에 길이길이 남길 것이다. 지도자를 잘못 선택한 불행은 오롯이 국민들 몫으로 남는다. 역사의 수레바퀴는 참으로 울퉁불퉁하다.

아홉 번째

2,500원의 무게

새댁이 분노했던 이유

KBS 수신료국에 전화를 걸어오는 민원인들 감정은 대체로 짜증과 불만, 분노 가운데 하나다. KBS가 좋아서 잘했다고 격려 전화를 걸어 주는 시청자를 만나는 일은 단연코 한 번도 없었다. KBS 프로그램이나 뉴스에 대해 뭔가 불만스러운 감정이 잔뜩 쌓여 있거나 KBS를 거의 시청하지 않는데도 매달 따박따박 수신료를 떼어 가는 매정한 처사가 괘씸해서 전화를 걸어오는 경우가 대부분이다.

감정선이 이미 두 옥타브쯤 올라가서 수신료를 내지 못하겠다고 달려드는 민원인을 전화기 너머로 차분히 응대하는 일이 수신료국 직원들의 일상 업무다. 방송법 조문을 일일이 설명하고 KBS가 사회적 약자들에게 제공하는 공적 책무 비용을 이해해 달라고 설득하는 일은 엄청난 에너지가 소모되는 감정 노동이다. 하루를 살기 위해 날마다 균등하게 배분해 놓은 마음의 정기와 에너지가 어느 한순간에 몽땅 빨려 나가는 느낌이다. 그런 일을 겪고 나면 다시 마음을 추스르고 업무에 집중하는 데 상당한 예열 시간이 필요하다.

경기도 연천의 한 아파트에 거주하는 젊은 여성이 아침부터 짜증이 잔뜩 섞인 날카로운 목소리로 전화를 걸어왔다. 전화기 너머로 들리는 젖먹이 아기의 칭얼대는 울음소리가 새댁 부아를 더욱 북돋고 있는 듯했다. 아파트 관리비가 매달 은행계좌에서 자동이체 방식으로 빠져나가는데 관리비와 별도로 TV 수신료가 이중으로 결제된다는 불만이었다. 아파트 관리비에 이미 TV 수신료가 포함돼 있을 텐데 왜 별도로 수신료가 또 자동이체 방식으로 이중 결제되는 것이냐며 거칠게 항의했다. '날강도'에 '도둑질'까지 거론하며 고막이 따갑도록 비난을 퍼부어 댔다. 죄송하다는 응답과 함께 심호흡을 몇 차례 내뱉고 차분히 해당 아파트 고객 관리번호를 확인해 아파트 주소와 동호수를 찾아냈다.

한국전력 전기요금 징수 전산망과 KBS 수신료 전산망에 고객 관리번호를 입력하면 해당 세대가 실제로 전기요금을 매달 얼마나 내고 있는지, 면제되거나 할인되는 요금은 없는지, TV 수신료를 잘 내고 있는지, 미납된 요금은 얼마인지 실시간으로 확인할 수 있다. 한전 전기요금 전산망과 KBS 수신료 전산망을 이중 삼중으로 아무리 검색해 봐도 여성이 산다는 아파트 해당 세대엔 이중으로 청구되는 요금이 없었다. 무엇 때문에 이중으로 결제가 된다고 말하고 있는지 납득이 안 되는 상황이었다.

차분히 전산망 검색 결과를 설명하고 여성의 짜증과 분노를 불러일으킨 실체가 무엇이냐고 조심스럽게 물었다. 관리비가 자동이체 됐음을 알려 주는 휴대전화 안내문자가 날아왔는데 거기에 'TV 수신료 2,500원'이 찍혀 있었다고 했다. 안내 문자의 의미를 제대로 파악하지 못해서 생긴 사소한 오해였다. TV 수신료가 한전 전기요금과 통합 고지 됐을 때는 자동이체 내역에 전기요금이 얼마라고 달랑 한 줄만 문자가 찍혀 있었다. 그러나 수신료 분리 고지 정책이 시행되면서 자동이체로 출금되는 총액은 똑같더라도 '전기요금이 얼마에 TV 수신료가 얼마' 하는 방식으로 고지 행위가 분리돼 이뤄진다. 한 줄이면 족하던 안내 문자가 두 줄로 늘어난다. 징수 방식이나 액수는 변동이 없는데 고지 행위만 분리해서 시행하다 보니 일부 소비자들이 새댁처럼 수신료가 이중으로 청구가 되는 걸로 오해하는 경우가 종종 있다.

새댁의 불만스러운 의구심을 풀어 주고 수신료 분리 징수 정책의 실체와 분리 징수의 번거로움을 알기 쉽게 설명하는 데 한참이나 시간을 흘려보내야 했다. 국민을 헷갈리게 만들고 불필요한 행정과 민원을 양산하며 한전과 KBS, 아파트 관리사무소 사이에 번잡한 업무 분장으로 사회적 비효율을 가중시키는 불편한 정책이 왜 만들어져서 지속돼야 하는지 답답할 따름이었다.

공짜 점심은 없다

각양각색의 사연과 불만을 안고 달려드는 민원인들에게 시달리면 평온했던 마음이 너덜너덜 걸레처럼 닳아 해진다. 차분했던 감정은 매를 보고 놀란 다람쥐처럼 이리저리 그네를 뛴다. 민원인과 한바탕 씨름을 하고 나면 마음을 가라앉혀 다시 업무에 집중하기가 쉽지 않다. 옥상에 올라가 애꿎은 담배를 한 대 물고 오는 사람도 있고, 나처럼 멍하니 창밖의 먼 산을 바라보며 가출했던 영혼이 제 발로 돌아오기를 기다리는 사람도 있다.

사무실 내 자리에서 건너 건너편에 앉아 있는 한 동료는 영상제작국에서 사극이나 드라마를 촬영하다 수신료국으로 떠밀려 온 사람이다. 스트레스를 받으면 먹는 걸로 풀 줄 아는 사람이다. 새로운 사무실로 이전한 지 한 달도 안 됐는데 벌써 사무실 주변 맛집 지도를 줄줄이 꿰고 있다. 민원인들에게 한참을 시달려 모두 녹초가 됐을 무렵인 오후 나절엔 슬며시 사무실을 빠져나가 붕어빵이나 꽈배기, 찹쌀 도넛 같은 맛있는 간식을 종종 사 들고 돌아온다. 간식 메뉴 앞에 도란도란 둘러앉아 서로의 상처를 보듬다 보면 칙칙했던 사무실의 회색빛 공기가 차츰 사그라들고 훈훈한 온기가 다시 충만해진다.

　동료들에게 가장 인기 있는 간식 메뉴 가운데 하나는 붕어빵이다. 겨울철 국민 간식이라 불릴 정도로 요즘은 골목골목에 붕어빵 장사가 많이 생겨났다. 사무실 근처 원당시장 입구에도 몇 군데 붕어빵 아저씨가 자리를 잡고 있다. 예전엔 팥앙금 붕어빵만 있었는데 요즘은 슈크림에다 초콜릿, 고구마 앙금, 모짜렐라 치즈, 햄 치즈까지 다양하게 진화한 붕어빵들이 행인들 잰걸음을 유혹하고 있다.

　내가 가장 좋아하는 녀석은 역시 몽글몽글한 속살에 달달한 팥앙금을 품고 있는 단팥 붕어빵이다. 아직 온기가 식지 않은 뜨거운 단팥 붕어빵을 호호 불어 가며 꼬리부터 한입 베어 물면 묵직했던 가슴이 봄눈 녹듯 사르르 녹는다. 예전엔 천 원짜리 지폐 한 장이면 붕어빵 4~5개를 살 수 있었는데 요즘은 밀가루값이 오르고 단팥값도 오르고 가스비는 더 많이 올라서 손바닥 반절만 한 붕어빵 3개를 사는데 2천 원을 내야 한다. 사무실 전체 동료들 가엾은 영혼을 구원하는 데 드는 비용은 대략 5~6천 원 정도다. 딱 두 달치 KBS 수신료다. 예전엔 아무 생각 없이 붕어빵을 맛있게 즐겨 먹었다. 그러나 수신료국에서 일하며 간혹 붕어빵을 먹을 때면 어김없이 씁쓸한 생각에 빠져들었다. 시청자들에게 KBS는 이제 붕어빵 한 마리 값어치도 안 되는 하찮은 존재로 추락한 게 아닐까?

2,500원의 가치

　KBS의 TV 수신료는 한 달에 2,500원이다. 일본 NHK 한 달 수신료 약 10,300원(월 1,100엔), 영국 BBC 한 달 수신료 약 26,000원(월 14.12파운드), 독일의 한 달 수신료 약 29,000원(월 18.36유로)에 비하면 훨씬 낮은 수준이다. 비싼 수신료를 받는 만큼 미납 가구 독촉도 가혹하다.
　특히 일본 NHK의 수신료 독촉은 세계적으로 악명이 높다. 수신료를 미납하면 주말도 없고 악천후도 아랑곳하지 않고 끈질기게 찾아간다. 일본어를 못 하는 외국인이나 유학생에게는 통역요원까지 대동해 수금을 재촉한다. 영국의 BBC는 전파 탐지차량(TV detector van)까지 운용해 방송 수신 여부를 조사하며 불법 수신자가 발견되면 최고 1,000파운드(약 180만 원)의 엄중한 벌금까지 물린다. 독일선 집에 TV가 없더라도 인터넷이 연결돼 있거나 스마트폰으로 TV를 수신하면 예외 없이 수신료를 물린다. 연체가 지속되면 추심업체로 넘겨 무시무시한 추심 수수료와 원리금 독촉을 받는다. 연체 정보는 금융 기록에 고스란히 남고 신용등급이 추락해 은행 거래에도 큰 불이익을 받는다. 상습 체납은 최악의 경우 징역형을 받기도 한다.
　이렇게 해서 일본 NHK는 전체 재원의 97%를 수신료에 의지하고 있고 독일 ARD의 수신료 의존도는 약 85%, 영국 BBC는 65%가 넘는다. KBS는 전체 재원의 약 40%를 수신료에 의존하고 있어 공영방송으로서 재정 구조가 매우 취약하다. 우리보다 훨씬 비싼 TV 수신료를 내고 있는 영국이나 독일, 일본 시청자들도 수신료에 대한 납세 저항감이 없지 않다.

그러나 우리나라 국민처럼 격렬하지 않다. 우리 국민은 매달 붕어빵 2~3마리 수준인 세계에서 가장 저렴한 수신료를 내고 있는데 왜 그토록 TV 수신료 내는 걸 아까워하는 걸까? KBS가 공영방송으로서 2,500원의 가치를 입증할 만큼 존재의 이유를 설명하지 못하고 있기 때문이다. 대자연의 위용을 뿜어내는 고품질 다큐멘터리와 장엄한 대하 사극, 공동체적 감성이 흠씬 묻어나는 가족 드라마와 미니 시리즈, 불편부당하고 품격 있는 정확한 뉴스, 권력과 자본의 위선을 예리하게 고발하는 시사 프로그램, 사회적 약자와 소외된 이웃을 배려하고 공감하는 휴먼 다큐나 특집 기획이 이제 KBS에서 공룡의 화석처럼 박제됐다.

KBS가 정권의 전리품으로 용산의 반려견으로 속절없이 추락하는 사이 분노에 지쳐 실망한 시청자들은 각자 안식처를 찾아 유튜브로, 넷플릭스로 뿔뿔이 흩어졌다. 1인 가구 증가로 시청자들 취향은 갈수록 파편화되고 있다. 모바일 시대가 본격화되면서 유튜브나 넷플릭스 같은 OTT 서비스가 성장했고 TV의 대체재가 부쩍 늘어났다. 수신료 해지와 환불을 요구하는 민원은 수신료국 사업소에 날마다 지속되고 있다.

시대의 흐름을 읽지 못하고 일신의 영달과 안위만을 탐하는 낙하산 사장과 경영진들은 KBS 몰락을 가속화시키고 있다. 윤석열 전 대통령 탄핵 정국에 어렵게 국회 본회의를 통과한 TV 수신료 통합 징수 법안에 대해 최상목 전 대통령 권한대행이 국무회의를 열어 또다시 재의요구권(거부권)을 행사했다. 사무실 컴퓨터로 그 뉴스를 읽다가 기사 아래쪽에 달아 놓은 어느 네티즌 댓글에 눈길이 멈췄다.

"전기세에 왜 수신료를 걷어 가누?
1+1을 할 게 따로 있지…"

내 맘속엔 덜컹 바윗돌 하나가 얹혔다. 윤석열 전 대통령이 탄핵으로 파면되자 국회는 당시 야당 주도로 TV 수신료 통합 징수를 골자로 하는 방송법 개정안을 재표결했다. 윤석열 전 대통령이 2024년 8월에 한 번, 최상목 전 권한대행이 연초에 또 한 번 재의요구권(거부권)을 연거푸 행사한 법안이었다. 정부에서 거부당한 법안을 다시 가결시키려면 국회 재적위원 과반수 출석에 출석의원 2/3 이상의 찬성이 필요했다. 재표결된 법안은 기적적으로 재적의원 2/3를 넘겼다. 내란 우두머리가 사라진 이후 무기명 방식으로 진행된 재투표에서 공영방송 정상화의 첫걸음이 어렵게 시작됐다. 윤석열 전 대통령이 지난 3년간 거부권을 휘두른 법안은 무려 41건이었다. 헌정 사상 유례가 없는 거부권 남발이었다. 협치가 실종되고 살기(殺氣)만이 번득이던 정치판에 짓눌려 지난 3년간 공영방송은 철저히 질식당했다. 수신료 2,500원은 참으로 무겁고 소중하다. 시청자들에게 지금의 KBS를 묵묵히 참고 용인해 달라고 말할 수 없기에 더더욱 그러하다.

열 번째

제국의
몰락

장엄한 최후는 없었다

"야만족이 쳐들어와서 치열한 공방전이라도 벌인 끝에
장렬하게 무너진 게 아니다.
활활 타오르는 불길도 없고, 처절한 아비규환도 없고,
그래서 아무도 알아차리지 못하는 사이에 사라져 버렸다."

『로마인 이야기』를 쓴 일본 작가 '시오노 나나미'는 5세기 말 서로마 제국이 '시시껄렁하게' 멸망했다고 표현했다. 천년왕국 서로마 제국이 찬란했던 역사에 어울릴 만한 장엄한 최후를 맞이한 게 아니라 '허망하게' 사라졌다고 말했다. 북쪽 변방 갈리아 지역을 지키던 게르만족 용병대장 '오도아케르'가 쿠데타를 일으켜 로마로 진격해 들어왔을 때 이미 기강이 무너져 유명무실했던 서로마 정규군은 전투 의지가 없었다. 변변한 반격조차 못 했다. 충성심이 없던 황제 친위대는 게르만족 쿠데타군에 이내 투항했고, 마지막 황제 '로물루스'는 폐위됐다. 15살의 어린 아들 '로물루스'를 황제로 세워 놓고 섭정하던 아버지 '오레스테스'는 참수됐다.

'오레스테스'는 애당초 제국을 통치할 능력이나 의지가 없는 소인배였다. 온갖 아부와 잔머리로 서로마 제국의 최고 실권자 자리에 올랐지만 천년왕국의 위엄이나 황제의 권위를 복원하는 데 별 관심이 없었다. 오직 자신이 획득한 권력을 누리고 유지하며 이리저리 단물을 빠는 데만 골몰했다. 시대의 큰 흐름을 읽지 못하고 잔머리만으로 권력의 정점에 오른 '아부의 달인' 오레스테스는 애초부터 왕관의 무게를 감당할 재목이 아니었다. 아첨과 변신의 잔기술에 능한 소인배가 어쩌다 거대한 조직의 지도자가 될 수는 있지만 시대의 변화라는 큰 흐름을 읽지 못하면 조직은 속절없이 멸망에 이를 뿐이라는 역사의 교훈을 남긴 게 그의 유일한 공(功)이라면 공(功)이었다.

봉숭아 학당의 아무 말 대잔치

신임 사장 후보 인사청문회를 국회방송 생중계로 지켜보다 쓴웃음이 나왔다. TV 수신료 분리 징수 정책 시행 이후 나날이 줄고 있는 수신료 수입을 어떻게 대응하겠느냐며 재정 안정화 대책에 관해 한 의원이 물었다. 쬐꼬만 파우치가 뭐 별거였겠느냐고 말했던 신임 사장 후보자 답변이 참으로 어처구니없었다. 시청자들 손에 한두 대씩 들고 있는 휴대전화에 TV 수신 앱을 설치해, KBS 콘텐츠를 모바일로 직접 수신하는 사람들에게 일일이 수신료를 걷겠다고 말했다.

그 말대로라면 4인 가족에겐 4대분의 수신료를 걷겠다는 얘기다. 현재 우리나라 총 세대수는 대략 2천 2백만 정도다. 이 가운데 시청각 장애인이나 기초생활수급자, 국가유공자, 사회복지 시설 등 이런저런 사유로 TV 수신료를 면제받는 세대가 대략 240만 정도다. 대략 1천 9백만 세대가 매달 2,500원씩 TV 수신료를 내고 있다. 개인 휴대전화에 일일이 TV 수신료를 물리면 수신료 수입은 비약적으로 늘어난다. 현재 우리나라 휴대전화 보급률은 100%가 넘는다. 스마트폰 보급률은 95%로 세계 1위다. 스마트폰 숫자만 5천만 대 이상이라는 얘기다. 초등학생 스마트폰 보급률이 이미 80%를 넘었고 중고등학생 90% 이상이 스마트폰을 손에 들고 있다. 여기에 일일이 수신료를 부과하면 수신료 수입이 지금보다 두 배 이상 늘어난다. 이는 법적 절차상, 국민 정서상 실현 가능성이 전혀 없다. 황당무계한 발상이다.

현행 방송법에는 TV 수신료 납부 대상을 'TV 수상기'로 한정하고 있다. 태블릿PC나 휴대폰, 스탠바이미(Stand by me) 등의

OTT 서비스로 TV 콘텐츠를 시청하는 경우엔 수신료를 부과할 수 없다. 휴대전화에 TV 수신 기능을 내장해 수신료를 징수하려면 휴대전화 등록 판매업자인 통신사가 가입자 동의를 구해 KBS에 개인정보를 전달해야 한다. 이는 개인정보보호법과 방송법 등 관련 법규를 모두 고쳐야 하는 매우 번잡한 과정이다. 국회에서 국민 정서를 무시하고 KBS를 위해 관련법을 개정해 주리라 기대하는 일은 봄부터 감나무 아래 입 벌리고 누워서 가을 감 떨어지기를 기다리는 것만큼이나 어리석은 일이다. 바다가 두 쪽으로 갈라지는 모세의 기적만큼 실현 가능성이 없다는 얘기다.

'용산의 충견'이니 '파우치 사장'이니 '아첨꾼 사장'이니 비아냥을 들으며 국회 다수당이자 여당인 민주당의 사퇴 압박을 받고 있는 후보자가 공영방송 사장이 된 현실에선 더더욱 그러하다. 입법권을 장악하고 있는 민주당의 협조가 애당초 불가능한 상황이다. 이를 모를 리 없을 텐데 황당한 소리를 듣다 보니 절로 쓴웃음이 터졌다. '아무 말 대잔치'였다. 국회 인사청문회를 '봉숭아 학당'으로 전락시켰다. 이를 생생히 지켜보는 국민들 당혹감과 모욕감, 분노는 안중에도 없었다. 국회 인사청문회에서 쏟아지는 비판과 질타는 하루이틀 눈 딱 감고 버티면 되는 인사치레이자 달콤한 권력의 맛을 향유하기 위한 형식적 통과의례쯤으로 생각하고 있었다. 제국이 망하든지 말든지 달콤한 황제의 왕관만을 탐했던 먼 옛날 서로마 제국의 오레스테스처럼…

시시껄렁한 KBS

　KBS 수신료국엔 날마다 수백 통의 민원 전화가 걸려 온다. TV를 안 본다거나 TV가 아예 없다는 등의 이유로 대부분 수신료를 내지 않겠다는 전화다. 수신료는 법적인 강제성이 있는 특별부담금이자 준조세라고 설명을 차분히 해드려도 민원인들은 완강하다. TV 수신료를 못 내겠다는 얘기다. 민원인들과 한동안 말싸움을 하다 지친 수신료국 직원들은 법적 절차가 허용하는 한도 내에서 최대한 수신료 면제 또는 말소 조치를 해준다. 이런 민원 응대 업무가 수신료국 업무의 절반 이상이다.

　요즘 인터넷 TV 나 '넷플릭스' 같은 OTT 서비스는 한 달 시청료가 1만 원을 훌쩍 넘는다. 시청자들은 그 돈을 크게 아까워하지 않는다. 기꺼이 부담하며 다양한 콘텐츠를 소비한다. 그러나 커피 한 잔 값 정도인 한 달 2,500원 KBS 수신료는 매우 아까워한다. KBS가 시청자들에게 공영방송으로서의 존재 이유를 입증하지 못하고 있기 때문이다.

　이런 현실을 뻔히 알면서 휴대전화에 일일이 TV 수신료를 물리겠다는 발상은 모래를 삶아서 밥을 짓겠다는 말만큼이나 황당한 얘기다. 내부 구성원의 한결같은 반대와 국회 절대 다수인 민주당의 사퇴 압박 속에서 윤석열 전 대통령은 보란 듯이 신임 사장 후보자 임명을 강행했다. 인공호흡기를 달고 있는 중환자처럼 근근이 목숨을 유지하고 있는 공영방송 KBS가 앞으로 얼마나 더 망가지게 될지 걱정스럽다. 시대의 흐름을 놓친 서로마 제국이 허무하게 역사 속에 사라져 버린 것처럼 공영방송 KBS가 국민 밉상으로 전락해 시시껄렁하게 몰락해 가고 있다. 치열한 공방전도, 활활 타오르는 전장의 불꽃도 없이 내부 균열과 외부의 무관심 속에 아무도 알아차리지 못하는 사이에 시시껄렁하게 무너져 버린 서로마 제국의 환생은 아닐까? 퇴행과 야만의 역사를 바로잡는 발걸음을 어디서부터 시작해야 하는 걸까?

소통과 공감

멀미가 납니다

"I waited 'til I saw the sun. (해가 뜰 때까지 기다렸어요)
I don't know why I didn't come~ (난 왜 안 갔는지 몰라요~)"

미국의 여성 가수 노라 존스(Norah Jones)를 일약 세계적인 스타 반열에 올려놓은 팝송 〈Don't know why〉의 한 소절이다. 재즈 음악을 대중화시키는 데 큰 기여를 했다고 평가받는 이 곡은 우리나라 팝송 애청자들에게 꾸준히 사랑받는 노래다. 헤어진 연인을 그리워하며 자신을 책망하고 후회하는 슬픈 사랑 노래다. 지나고 나서 애닳지 않은 사랑이 없고, 실패하고 나서 아쉽지 않은 선택이 없겠지만 자책하고 주저앉아 있기엔 인생이 너무 길다.

과문한 탓에 나는 이 노래를 들을 때마다 이 여가수가 '내가 왜 안 갔는지를 모르겠다는 건지 아니면 당신이 왜 안 왔는지를 모르겠다는 건지' 해석이 잘 안 된다. 그래서 노래 제목이 〈Don't know why〉인지도 모른다. 어찌 됐든 소통과 공감이 실종된 애틋한 사랑의 종말은 결국 헤어짐이었다. 수신료국 고양분소 사무실에는 재즈 피아노로 흐느끼듯 연주하는 이 노래가 하루 종일 넘실넘실 흐른다. 내 옆자리에 앉아 있는 영상 카메라맨 황수영 감독이 휴대전화 녹음곡 컬렉션을 블루투스 스피커로 연결해 업무시간 내내 배경음악으로 틀어 놓는다. 짜증 나고 고단한 일상에 흔들리지 말고 감미로운 선율을 위안으로 삼아 잘 버텨 내자는 뜻이다.

    그는 생긴 것과 다르게 평소 술과 담배를 전혀 가까이 않는 구도자적 삶을 묵묵히 실천하고 있어 내 존경심을 적잖이 자아내고 있다. 퇴직을 대비해 미리미리 주택관리사와 공인중개사 자격증을 따놓았을 정도로 인생 2막에 아름다운 궤적을 그려 가고 있는 인물이다. 수신료국에 오기 전에 그를 영상 카메라맨으로 보도국에서 만났던 적이 있다. 내가 밤 9시 뉴스 메인 앵커를 담당할 때 보도국 뉴스 부조에 설치된 스튜디오 카메라를 고정적으로 운용하던 동료였다. 그는 본연의 업무가 아님에도 불구하고 내게 방송뉴스 앵커로서 자연스러운 진행에 필요한 표정과 몸짓, 의상 등에 대해 영상 전문가로서 깨알 같은 조언을 아끼지 않았다. 내 입사 동기여서 남다른 우정을 갖고 있었을 수도 있고 영상 전문가적 소양이 뛰어나 프로페셔널다운 지적을 해주었을 수도 있다.

그런 점이 고마워서 늘 기억하던 동기를 수신료국에 와서 옆자리 짝꿍으로 다시 만났다. 세상은 좁고 삶은 참 공교롭다. 그도 윗사람에 밉보였는지 나보다 몇 달 먼저 수신료국에 발령을 받았다. 나보다 전입 고참이라 서툰 업무를 익히는 데 큰 도움을 받았다. 단점이랄 수는 없겠지만 그가 잘 못하는 게 하나 있다. 소곤소곤 나직하게 조용히 말하는 걸 태생적으로 못 한다. 목소리가 원래 커서 혼잣말도 크게 하고 누군가와 일상적인 대화라도 할라 치면 쩌렁쩌렁 사무실이 울린다. 그가 민원인과 전화 통화를 할 때마다 하늘하늘 얄팍한 내 고막은 우르릉 쾅쾅 천둥소리를 만난다. 얼핏 들으면 싸우는 소리처럼 들리기도 하고 화난 소리로 오해할 수 있을 정도로 요란스럽기 그지없다.

낯선 수신료국 업무를 처리하다 수시로 모르는 부분이 생기면 부끄러운 마음에 슬그머니 짝꿍인 그에게 옆구리를 찔러 물어보곤 했다. 다급한 맘에 묻기는 했지만 이내 후회가 밀려왔다. 내 맘을 아는지 모르는지 그는 거침없는 목소리로 사무실이 떠나갈 듯 흔쾌하게 쩌렁쩌렁 대답을 해주었다. 바로 옆자리에 있어서 나직하게 조곤조곤 알려 줘도 될 텐데 도무지 그럴 줄을 모른다. 부끄러움은 항상 내 몫이었다. 모르는 일이 너무 많다는 걸 직원들에게 수시로 들키는 바람에 나의 무능함을 도저히 숨길 방도가 없었다. 그래서인지 수신료국 업무는 몇 달을 계속해도 도무지 유능감이 솟아나질 않았다. 지척에서 고막이 울릴 듯 쩌렁쩌렁 대화를 나누다가 갑자기 나직한 민원 전화를 받게 되면 놀라고 흥분했던 내 고막은 곧바로 시차 적응을 못 했다. 흐느끼듯 잔잔한 노라 존스의 감미로운 음률과 옆자리 짝꿍의 우렁찬 가르침 속에서 오르락내리락 내 영혼은 하루 종일 배멀미를 해댔다.

소통에 목마른 사람들

그에게 우렁찬 가르침을 받고 막 돌아섰던 어느 찰나에 민원 전화가 또 울렸다. 얼른 받아 보니 어눌한 말투에 나직한 목소리를 가진 젊은 여성이었다. 경기도 구리시에 산다며 TV 고객 관리 번호를 불러 주는데 말소리가 명료하지 못하고 성조가 뭔가 어색했다. 몇 번이고 되물어서 겨우 수신료 전산망을 검색해 보니 주민등록번호 뒷자리가 6자로 시작되는 외국인이었다. 어느 나라에서 왔는지 모르지만 한국인 남편을 만나 코리안 드림을 꿈꾸며 입국했으리라 추정되는 결혼이주 여성 같았다. 해당 주소 항공사진 지도와 로드뷰를 띄워 놓고 보니 2층짜리 야트막한 다세대 주택 반지하 세대로 매달 우편물을 통해 TV 수신료 청구서를 받고 있었다. 수신료는 두 달째 미납돼 있었다. 무슨 일로 전화를 하셨느냐고 천천히 또박또박 물었다. 전화기 너머로 끊길 듯 말 듯, 들릴 듯 말 듯 아주 나지막이 흔들리는 음성이 조심스럽게 들렸다.

"TV… 수신료… 청구… 그거 머… 머에요?"

무어라 설명을 해야 될지, 공영방송의 공적 책무와 그에 필요한 비용을 자세히 설명하면 알아듣기는 할지 가늠이 안 됐다. 그냥 TV를 볼 때 내는 세금이라고 나는 얼렁뚱땅 대답했다. 그녀의 답변은 간단했다.

"몰라… 난 TV… 안 봐요…
방에 TV 없어요… 유툽…만 봐요."

해당 세대엔 TV 수상기가 한 대 등록돼 있었다. 한국 남편이 보는지 안 보는지 알 수 없었지만 외국인 새댁은 휴대전화를 통해 주로 유튜브 같은 동영상만 시청하고 있을 가능성이 높았다. 이런 전화를 받으면 차근차근 조리 있게 방송법규와 제도를 설명하고 수신료 납부를 설득해야 한다고 실무교육을 받았다. 어느 나라에서 왔는지도 모르고 한국말로 원활하게 소통이 불가능한 외국인 새댁에게 어떻게 해야 한다는 지침은 없었다. 배운 대로 입술을 꾹꾹 눌러 가며 차분히 설명하는 게 맞았을까? 업무 지침에 나온 대로 알아들을 때까지 자세히 설명하고 설득해야 했지만 소통이 곤란한 거대한 장벽 앞에서 난 돌파구를 찾지 못했다.

이런 날도 있었다. 네팔에서 유학을 왔다는 젊은 남학생이었다. '여보세요'라고 부르는 어눌한 첫 말투부터 심상치 않은 느낌이 들었다. 여러 번 거듭 물어 간신히 주소를 알아듣고 검색을 해

보니 고양시 화정동의 허름한 다가구 주택이었다. 얼마 전부터 반지하 세대에 친구와 둘이 살고 있으며 이름은 '레비크타 마힌드라'라고 말했다. 월세와 별도로 한 달 관리비를 3만 원씩 내고 있는데 '싸장님'이 갑자기 TV 수신료를 매달 5,000원씩 추가로 내라 했다고 하소연했다. 방에는 TV 수상기가 없어 TV를 보지 않는다 말했더니 '싸장님'은 KBS 수신료국 민원 전화번호를 알려 주며 TV 수신료 말소 신청을 직접 하도록 했다고 주섬주섬 온갖 단어를 연결해 가까스로 설명했다.

추측컨대 먼저 살던 세입자는 TV를 시청하며 매달 수신료를 따로 냈지만 새로 전입해 온 네팔 유학생들은 TV가 없는 세대인 걸로 짐작됐다. 수신료를 면제받기 위해 청구 절차를 전산에서 말소하려면 TV 관리번호를 입력하고 삭제 절차를 진행해야 한다. 그래서 TV 관리번호 또는 고객 전기번호를 물었더니 무슨 뜻인지 도통 알아듣지를 못했다. '싸장님' 휴대전화 번호는 친구만 알고 자신은 모른다고 엉뚱한 소리를 했다. 나는 'Mobile phone Number' 말고 'TV Management number or Electric Customer number'가 무엇이냐고 다시 물었다. 네팔 유학생 대답은 한결같았다.

"그거 몰라… 난 TV…. 안 봐요…"

내 영어 발음이 문제였을까? 외국인 새댁도, 네팔 유학생도,

나도 소통과 공감에 애타게 목이 말랐지만 갈증을 풀어 줄 방법이 없었다. 난 아무런 도움을 주지 못했다. 남태평양 열대 해변에 쓰나미가 들이닥치듯 해일 같은 자괴감이 밀물처럼 몰려왔다.

소통 부재와 공감 불능

작가 은희경의 단편소설 「특별하고도 위대한 연인」은 소통 부재와 공감 불능의 세태를 섬세하게 풍자한 작품이다. 서로를 가장 완벽한 연인이라 생각하는 남녀가 있었다. 다감한 성격과 성실한 태도를 갖춘 정숙한 여자, 예리한 지성과 풍부한 감수성을 겸비한 세 살 연하의 남자, 그들은 자타가 공인하는 환상의 커플이었다. 그런데 그들, 위대한 연인은 결국 헤어졌다.

그들의 사랑에서 더 이상 완벽한 위대함을 유지할 수 없었기 때문이다. 소소한 일상에서 누적된 고단함으로 심신이 극도로 피폐해진 어느 날 그들은 피곤을 무릅쓰고 만남을 약속했다. 환상의 연인은 서로에게 또 각자 자신에게 특별하고 위대한 사랑의 존재를 과시하고 확인받고 싶었다. 그러나 너무도 피곤한 나머지 잠시나마 상대방을 짜증스럽게 바라봤고 그들은 그 사실을 서로 용납할 수 없었다. 한순간이라도 상대의 존재가 피곤하게 느껴진다는데 모욕을 느꼈다. 완벽한 관계에 피곤의 여지가 끼어들 수 있다면 그 사랑은 그저 평범하고 흔한 사랑일 수 있다는 의심이 뭉게 뭉게 피어올랐다. 의심은 엉뚱한 상상과 오해의 미로 속으로 그들을 질질 끌고 들어갔다. 각자 자기만의 세상에 갇힌 채 소통 단절과 공감 부재로 얽힌 미로의 끝은 위대한 사랑의 장렬한 파국이었다. 돌이킬 수 없는 이별을 애도하며 그들은 헤어졌고 뒤늦게 펑펑 울었다. 소통 부재와 공감 불능이 부른 비극이었다.

　시청자들이 KBS를 사랑하고 KBS가 시청자의 신뢰에 부응했던 특별하고도 위대했던 순간은 아득히 먼 전설이 됐고 멀고도 먼 슬픈 역사가 돼버렸다. KBS는 뒤늦게 펑펑 울고 있지만 얼음장처럼 식어 버린 시청자의 사랑은 돌아올 줄 모른다. 초연결 시대, 과잉 소통 시대에 살면서도 우리는 내밀한 소통과 따스한 공감에 목말라 있다. 내 짝꿍 황수영 감독의 우렁찬 목소리도 소통을 갈구하는 몸짓의 반영이다. 외국인 새댁과 네팔 유학생의 나직한 목소리도 공감을 호소하는 간절한 몸부림이었다. 날마다 수신료국 직원들 귓전을 울리는 시청자들 민원과 항의도 소통과 공감에 목마른 짜증과 분노의 함성이었다. 연결 과잉 사회에서 소외감과 우울감이 더 크게 자라나는 관계의 역설을 어찌해야 되는 걸까? 진정 부르고 싶은 노래 〈Don't know why〉다.

있으나 마나 해도
없어서는 안 돼요

자영업 몰락 시대

1,350원이 진짜 문제였을까? 경기도 의정부에 사는 한 시청자였다. 민원 전화 너머로 불러 주는 주소와 고객 관리번호를 검색하니 의정부시 외곽에 있는 조그만 모텔이었다. 해당 모텔에는 TV 수상기가 18대 등록돼 있어 매달 4만 5천 원씩 은행 계좌에서 자동이체 방식으로 수신료를 납부하고 있었다. 자동이체 계좌를 폐쇄하고 다른 계좌를 새로 등록하는 과정에서 한 달치 수신료가 정해진 납기일 안에 수납되지 못했다. 납기 마감일을 넘기면 가산금이 3% 붙는다. 수신료 징수 전산 시스템에 자동으로 반영된다. 가산금 1,350원이 붙어 4만 6,350원이 자동이체 등록된 은

행 계좌에서 지정된 날짜에 빠져나갈 예정이라고 휴대전화 안내 문자를 받았던 모양이다.

바로 그 가산금 1,350원이 민원 전화를 건 이유였다. 요즘 장사가 안 돼 가산금을 내기 어려우니 수신료를 깎아 달라고 했다. 납기일에 늦지 않도록 미리미리 챙겼어야 했는데 깜빡 잊었다며 자신의 게으름을 반성한다고 했다. 모텔 근처에 있던 군부대가 이전하는 바람에 손님이 예전만 같지 않은 데다 코로나19 팬데믹을 겪으면서 이런저런 대출까지 받아서 매달 은행이자 내기에도 벅차다고도 했다. 그러니 수신료를 4만 6,350원이 아니라 4만 5천 원만 내면 안 되겠냐고 하소연했다.

다행히 수신료 징수 관리원은 가산금을 감면해 줄 수 있는 아주 사소한 권한이 있다. 수신료 징수 전산 시스템을 조정해 가산금을 '0원'으로 삭제해 줄 수 있는 유일한 합법적 권한이다. 원래는 과오납 등으로 잘못 부과된 수신료를 정정하는 권한이지만 실제 민원 현장에선 수신료 징수원의 재량권을 일부나마 편법적으로 용인하는 실정이다. 수신료를 안 내겠다는 얘기도 아니고 가산금만 깎아 주면 바로 내겠다는 민원인지라 못 받아 줄 이유가 없었다. 잘 알겠노라 답변하고 정해진 매뉴얼대로 가산금을 전액 감면 조치했다. 정말로 가산금 1,350원을 낼 형편이 안 됐는지, 과도한 엄살을 부렸는지 나는 알 수 없다. 1,350원이 얼마나 큰 돈인지 사람마다 느끼는 가치가 다르겠지만 단군 이래 최악의 불경기라는 자영업 몰락의 현장을 전화 한 통으로도 느낄

수 있었다.

농촌의 몰락

소설가 성석제의 단편 「황만근은 이렇게 말했다」는 산업화 근대화 시대에 벌어진 관제 농촌운동의 부작용으로 농업이 몰락하고 농촌이 파괴되는 현실을 묘사한 작품이다. 경상도 어느 외진 시골 마을 황 씨 문중 집성촌(集性村) 신대리에서 홀어머니를 모시고 사는 황만근은 동네 바보다. 동네 사람들은 나이 마흔 넘은 그를 '만그이 자슥'이라 부른다. 엄마 뱃속에서 열 달을 못 채우고 여덟 달 만에 나오는 바람에 '팔푼이'라는 별명도 있고 한 근(斤)도 채 못 되는 반쪽짜리 인간이라는 뜻으로 '반그이(반근이)'라고도 부른다. 그는 황 씨 문중 종답(宗畓) 세 마지기를 빌려 농사를 지으며 홀어머니를 삼시세끼 지극 정성으로 모시고 사는 효자 아들이다. 또 마을에서는 동네 머슴이나 다름없다. 마을길 풀 깎기, 마을 도랑 청소, 공동 우물 청소, 마을회관 변소에서 분뇨를 퍼내는 일처럼 돈이 안 되는 갖가지 궂은일을 혼자서 불평 없이 거뜬히 다했다. 동네일, 남의 일, 궂은일에는 언제나 그가 있었다. 모내기나 추수 때 품앗이를 하면 아이나 여자처럼 장정의 반밖에 안 되는 품으로 취급받았다. 제값을 받으려면 남들 두 배 되는 시간 동안 품앗이를 해주어야 했다. 그는 마을에 있으나 마나 한 존재이면서 없어서는 안 되는 존재이기도 했다. 황만근은 술을 너무 좋아했고 주량도 컸는데 가난한 까닭에 자주 취하게 마실 수는 없었다. 어쩌다 동네에 애경사가 있어 공짜 술을 마실 기회가 생기면 반드시 고꾸라지도록 마셨다. 부지런한 술주정뱅이가 낡을 대로 낡은 경운기를 몰고 읍내에서 돌아오다 교통사고를 당해 죽기 직전에 새벽까지 함께 술을 마시던 민 씨에게 이렇게 말했다.

"농사꾼은 빚을 지마 안 된다 카이. (중략)
기계화 영농이라 카더이마 집집마다 바퀴 달린 기계가 몇이나 되나?
경운기, 트랙터, 콤바인, 이앙기, 거다 탈곡기, 건조기에…
다 빚으로 산기라. 농사 지봐야 그 빚 갚느라고 정신 없다. (중략)"
"내가 왜 빚을 안 졌니야고?
아무도 나한테 빚 준다고 안 캐.
바보라고 아무도 보증 서라는 이야기도 안 해.
나는 내 짓고 싶은 대로 농사 지민서
안 망하고 백 년을 살 끼라."

정부 주도로 추진된 관제 새마을 운동으로 기계화 영농, 잘사는 농촌 바람이 온 나라에 휘몰아치던 시절에 농민들은 농사를 지을수록 오히려 은행 빚만 늘어났다. 서로서로 빚보증을 서주다 농가 부채를 감당하지 못해 무시로 야반도주를 했다. '잘살아 보세'

를 외치며 온 세상이 돈을 신처럼 떠받들던 시절에 동네 바보 '만그이 자슥'은 홀어머니 모시고 묵묵히 농사지으며 쇠락해 가는 농촌을 홀로 지켰다. 세상이 어떻든 누가 뭐라든 자신이 선택한 길을 꿋꿋하게 지탱하는 삶은 아름답다.

소설 「황만근은 이렇게 말했다」는 제목에서나 내용에서나 프리드리히 니체의 철학서 『차라투스트라는 이렇게 말했다』를 은유한 이야기가 아닌가 싶다. 니체는 철학서 『차라투스트라는 이렇게 말했다』에서 '신(神)은 죽었다'고 선언했다. 그가 말하는 신은 오직 종교적 신으로만 한정되지 않는다. 화폐라는 신, 물질이라는 신, 과학이라는 신, 인종이나 국가라는 신처럼 기존 가치나 사회적 통념을 무조건 옳다고 믿으며 절대화하는 사람들에게 울리는 하나의 경종이었다. 세상이 추종하는 절대적인 교리를 숭배하며 좁은 시야에 갇혀 살면 안 된다는 구원의 메시지였다. 자신만의 고유성을 찾으라는 삶의 지침이었다. 돈을 신처럼 떠받드는 세상에서 묵묵히 논밭을 일구며 자신의 고유함을 지키려 노력했던 신대리 동네 바보 '만그이 자슥'처럼 말이다.

있으나 마나 하지만 없어서는 안 되는…

수신료를 납부해 주십사 읍소해야 하는 시청자들에게 KBS 수신료국은 한없이 미약한 존재다. 전기요금을 징수하며 TV 수신료를 함께 걷는 한국전력에도 KBS 수신료국은 귀찮고 성가신 존재다. 한국전력에서 통보받은 아파트 단지 전기요금을 각 가정으로 나누어 개별 세대에 분배하고 징수하는 관리사무소에게도 KBS 수신료국은 번거롭고 마뜩잖은 대상이다. 수신료가 못마땅한 아파트 입주민들의 애꿎은 화풀이를 관리사무소는 KBS 대신 들어야 하는 처지가 억울하고 짜증스럽다.

시루떡처럼 중첩된 층층시하 수직 관계에서 KBS 수신료국은 가장 아래쪽에 짓눌려 있는 '만그이 자슥' 같은 존재다. 어디에도 불평 한마디 하소연할 데가 없다. 아무도 알아주지 않는다 해도 공영방송의 존재 가치마저 부정되어선 안 된다. 자극적이고 선정적인 글로벌 콘텐츠가 범람해도 우리 고유의 정체성을 지키려는 노력을 멈출 수는 없다. 공영방송 KBS는 신대리 마을에 황만근처럼 평소엔 있으나 마나 한 존재처럼 보일 수 있지만 실제로는 없어서는 안 되는 존재일 것이다.

수신료국 업무가 조금씩 익숙해지면서 민원을 응대하는 요령이 늘기 시작했고 일상의 여유도 차츰 허락됐다. 책을 읽고 글을 쓰면서 나를 돌아보고 주변을 챙기는 시선도 따스해지는 느낌이 들었다. 나를 수신료국으로 밀어 보낸 사람들에 대한 인간적 미움도 천천히 사그라들었다. 인생은 수없이 반복되는 갈림길에서 맞닥뜨리는 선택의 연속이다. 가지 않은 길에 대해 회한과 자책의 노래를 부르는 건 부질없는 일이다. 니체가 말한 아모르 파티(Amor Fati)는 운명애(運命愛), 즉 "운명을 사랑하라"는 웅장한 외침이다. 가수 김연자도 '인생은 지금'이라고 소리 높여 외쳤지 않은가?

　모든 경험에서 의미를 찾고 우연처럼 다가오는 운명을 사랑하며 후회하지 않는 삶을 뚜벅뚜벅 걸어간다는 게 결코 쉬운 일은 아닐 것이다. 인생은 운과 우연의 연속이다. 영국의 교수이자 작가인 브라이언 클라스(Brian Klass)는 그의 저서 『어떤 일은 그냥 벌어진다(FLUKE: Chance, Chaos, and Why Everything We Do Matters)』를 통해 작고 우발적인 우연들이 우리의 삶을 형성해 왔으며, 작은 변화로도 세상은 극단적으로 변한다고 설명했다. 세상은 모두 연결돼 있으며 사소한 것들이 단연코 가장 중요하다고 표현했다. 인생에서 가장 행복한 경험은, 역설적이게도 우리를 가장 참담한 절망으로 괴롭히는 경험과 같은 실로 연결되어 있다고 말했다. 최고의 순간과 최악의 순간이 서로 연결돼 있다는 얘기다. 최적화된 미래를 만들려 너무 애쓰지 말고 일상에서 만나는 우연한 기쁨에 경탄을 아끼지 말아야 한다고 강조했다.

　수신료국에서 만나는 고단한 일상은 이제 없어서는 안 되는 소중한 경험으로 거듭났다. 수신료국에서 민원인들과 부대끼며 사는 삶에도 큰 의미가 존재했다. 취재하고 방송하며 부지불식간 갑질하며 살아왔던 부끄러운 기자 인생에 뒤늦은 반성문이라도 쓸 기회가 주어진 건 오히려 벼락같이 찾아온 행운이 아닐까 싶다.

열세 번째

단순 변심은
안대요

변심과 환불

"단순 변심 환불 안댐"
"계산 즉시 교환 안댐"

삐뚤빼뚤 꾹꾹 눌러쓴 손글씨 팻말이었다. 수신료국 고양분소 근처에 있는 원당시장은 일산 신도시가 생기기 전부터 번성했던 큼직한 재래시장이다. 시장통 중앙에 이동식 매대가 길쭉하게 진을 치고 늘어서서 떡이며 어묵, 김밥, 만두, 족발, 생선, 채소류, 반찬류 같은 온갖 종류 음식들을 즉석에서 조리해 팔고 있다. 중앙통 골목 양쪽으로 2~3평짜리 점포 수백 개가 지네발처럼 촘촘하게 뻗어 있다.

　시장통 초입에 목도리며 털장갑, 귀마개, 털모자, 머플러, 액세서리 같은 1~2만 원대 자잘한 소품들을 파는 옷 가게가 하나 있다. 가게 입구에는 통통한 몸매에 곱슬 파마머리를 한 아주머니 사장님이 빨간색 손글씨로 큼직하게 종이 팻말을 써 붙여 놓았다. 한번 둘러볼 요량으로 들어섰다가 손글씨 팻말이 눈에 띄어 넌지시 물었다. 환불해 가는 손님들이 많느냐고….

　겨울철 유난스러운 한파로 출근길이 꽁꽁 얼어붙으면 아침에 허겁지겁 집을 나섰다가 뭔가 서늘한 느낌에 목도리며 장갑, 귀마개 따위를 사가는 손님들이 종종 있다고 했다. 그랬다가 한낮에 잠깐 드리운 햇살로 동장군이 살짝 누그러지면 크기가 맞지 않는다느니 디자인이 촌스럽다느니 촉감이 까칠하다느니 여러 가지 이유로 오후 늦게나 퇴근길에 들러 환불과 교환을 요구하는 손님들이 더러 있다고 했다. 반짝 추위를 쫓아내려 한나절 잘 사용해 놓고 나서, 나중에 반품한 물건은 자잘하게 얼룩이 생기고 냄새가 배기도 하며 미세한 보풀이나 흠집도 나는지라 되팔 수가 없다고 했다. 그래서 반품이나 교환이 안 된다고 미리 못을 박아 두어야 한다고 입술을 앙다물며 말했다. 그냥 단순한 변심인지 불가피한 사연을 품고 있는 복잡한 변심인지 어떻게 구분이 되느냐고 다시 물어보려다가 괜한 시비를 일삼는다고 지청구나 들겠지 싶어 그만두고 돌아 나왔다. 변심과 환불은 장사꾼과 손님이 일상처럼 만나는 피곤한 줄다리기일 뿐이려니 싶었다.

충직한 군인의 변심과 내란 방송

경기도 연천에서 한 젊은 남성이 민원 전화를 했다. 주소와 고객번호를 검색하니 직업군인과 군인 가족들이 거주하는 군인 아파트, 즉 군부대 관사였다. 맑고 굵은 목소리는 전방을 지키는 늠름한 직업군인의 표상과 같았다. KBS 수신료를 내기 싫다고, 아니 낼 수 없다고 말했다. 이유를 물으니 요즘 들어 마음이 변했다고 말했다. 환불이나 교환이 안 된다는 이른바 단순 변심이었다.

KBS는 내란동조 방송이므로 수신료를 낼 수 없다고 말했다. KBS가 왜 내란동조 방송이 되느냐고 나는 다시 물었다. 군인들은 명령에 살고 명령에 죽는 절대 충성의 조직이며 상관 지시에 목숨을 건다고 했다. 조국을 지키는 최정예 군인들이 상관 명령 없이 국회와 선거관리위원회에 난입하는 일은 결단코 불가능하다고 했다. 충직한 군인들이 내란에 동조한 반란군으로 조롱받는 현실에 울분을 느낀다고 말했다. 그런데 KBS는 왜 지시나 명령 따위는 없었다는 내란 수괴의 말만 크게 보도하고 있느냐고 반문했다. 국군 통수권자 명령이 없었는데 특전사, 수방사, 방첩사 정예 군인들이 동시에 출동해 국회와 선관위에 난입하고 봉쇄하는 일이 가당키나 하느냐고 따져 물었다. 또 계엄 선포 1시간쯤 전에 대통령실이 생방송 특별 담화를 예고하면서 KBS는 미리 연락받고 생방송 준비를 하고 있지 않았느냐고 따져 물었다.

나는 한 마디도 대꾸할 말이 떠오르지 않았다. 방송법 조문

따위를 언급하며 수신료의 가치를 설명할 염치는 도무지 없었다. 그저 죄송할 뿐이라고 거듭거듭 답했다. 그런 사유로 수신료 면제 조치를 할 수는 없으니 죄송하지만 무어라 드릴 말씀이 없다고 호소했다. 대신 소중한 의견을 무겁게 받아들이며 제작진에게 꼭 전달하겠노라 답변하고 통화를 서둘러 마무리했다.

KBS는 탄핵 정국에 〈시사기획 창〉이라는 프로그램을 통해 〈대통령과 우두머리 '혐의'〉라는 제목으로 기획 프로그램을 방송했다. 국회 탄핵소추안 의결 한 달을 맞아 대한민국 정치 위기가 왜 발생했고, 위기 상황이 어떻게 증폭됐는지 짚어 보기 위해 기획한 방송이었다. 일선 제작진이 애당초 준비한 프로그램 제목은 〈대통령과 우두머리〉였다. 그러나 KBS 경영진은 제목 끝에 '혐의'라는 두 글자를 넣지 않았다고 막판까지 방송 편성을 막았다. 사전 심의에서 지적 사항이 없음을 확인받고 인터넷으로 예고방송도 이미 나갔다. 그러나 보도시사본부 임원진은 프로그램 방영을 끝까지 제지했다. '계엄을 할 수밖에 없었던 이유를 제대로 담지 않았다', '윤석열 측 입장을 제대로 담지 않았다', '윤석열 전 대통령과 박장범 사장의 파우치 대담 영상을 왜 넣었느냐'며 예고된 방송을 틀어막았다. '민주당이 국정 운영을 방해한 내용'도 추가해야 한다고 거듭 요구했다. 일선 제작진의 격렬한 저항과 임원진의 집요한 수정 요구가 막판에 막판까지 밀당을 거듭한 끝에 프로그램은 누더기 방송을 내보냈다. 임원진은 내란 옹호세력이 주장하는 계엄의 불가피성을 선전하라고 주문했다. 계엄 옹호 방송,

내란 동조 방송으로 비난을 받아도 할 말이 없는 수준이었다. 시청자들 비난은 수신료국에 빗발치고 수신료국 직원들의 고단함은 한껏 증폭됐다.

모든 비극은 늘 사랑의 크기와 권력의 높낮이가 대등하지 않은 데서 출발한다고 했다. 사랑이 쪼그라들고 권위가 모두 소진된 반대편 끝자락에 KBS 수신료국이 위태롭게 밀려나 있다. 변심과 환불의 줄다리기 끝에 내란 방송이라는 허울을 뒤집어쓴 채 KBS는 애처롭게 매달려 있다.

변심이 부른 서늘한 비극

일선 경찰서를 출입하며 사건 사고를 취재하던 신참 사회부 기자 시절이었다. 어스름 새벽녘에 서울 강남의 한 경찰서 형사과에 막 들어선 순간, 한쪽 구석에 쪼그려 울고 있던 젊은 여성이 눈에 띄었다. (당시는 사건 담당 기자들의 경찰서 출입이 퍽 자유롭던 시절이었다.) 새하얀 피부에 말끔하고 갸름한 얼굴을 가진 단아하고 세련된 미인이었다. 당직 형사가 작성한 심문 조서를 훑어보니 성폭행 사건이었다. 가해자는 현행범으로 체포돼 형사과 한쪽 구석 유치장에 구금돼 있었고 피해자는 흐느껴 울고 있던 바로 그 여성이었다.

조서 내용을 꼼꼼하게 살펴본 이유는 피해자 고향 주소가 경기도 양평으로 나와 동향(同鄕)이기 때문이었다. 심문 조서 내용은 대강 이러했다. 가해자가 피해자를 협박해 모텔에 감금한 채 여러 차례 성폭행을 가했고, 가해자가 잠든 틈에 피해자는 가까스로 빠져나와 경찰에 신고했다. 전형적인 강력범죄 사건이었다. 경찰은 1차 조사를 마치고 구속영장을 신청했다. 사건 내용을 취합해 서둘러 기사를 송고하고 담당 형사에게 사건 진행 경과를 계속 알려 달라고 당부했다. 며칠 후 바쁜 일상을 보내던 어느 날 담당 형사로부터 전화가 걸려 왔다. 구속영장이 법원에서 기각돼 피의자는 석방됐고 두 남녀는 소재 파악이 안 된다고 말했다. 사건이 커질 것 같다고도 했다.

구속영장이 발부되지 않은 사유와 두 남녀가 증발한 이유가 궁금했다. 후속 취재를 해보니 사연은 기구했다. 부모가 이혼해 어려서부터 조부모의 시골집인 양평에서 자란 여자는 영특한 머리로 어엿한 명문대 학생이 됐다. 쇠약하고 빈한한 조부모에게 학비며 생활비를 의탁할 처지가 안 됐기에 여자는 대학 생활 내내 온갖 아르바이트를 전전했다. 그녀가 병행하던 여러 아르바이트 가운데 강남의 한 고급 식당도 있었다. 남자는 식당 사장 아들이었다. 눈에 띄는 외모와 성실한 태도는 사장 부부를 넘어 사장 아들 맘도 사로잡았다. 일가족은 여자를 단순한 아르바이트생을 넘어 예비 며느리로, 예비 아내로 일찌감치 점찍었다. 여자는 고졸 백수인 사장 아들의 방탕하고 다혈질적 성정이 내키지 않았지만 학업과 생계를 병행해야 하는 고단한 현실과 타협했다. 사장 집에 입주해 사실혼 부부처럼 동거하며 학비와 생활비를 의탁했고 순탄한 대학 생활을 보냈다. 그러는 사이 젊은 남녀 간 사랑도 새록새록 깊어만 갔다. 대등한 사랑이 완성되는 해피엔딩처럼 보였다.

그러나 현실은 행복한 동화가 아니었다. 대등했던 사랑도 세월과 함께 기울었다. 졸업과 함께 유명 항공사 승무원이 된 여자는 결혼을 재촉하는 남자와 생각이 달랐다. 다툼이 잦아졌고 사랑은 급속도로 식어 갔다. 여자는 이별을 통보했고 남자는 여자를 감금하고 성폭행했다. 여자가 오랜 세월 남자의 집에서 동거했고 한때 결혼까지 생각했던 정황들이 참작돼 법원은 구속영장을 기각했다. 석방된 남자는 여자에게 이별 여행을 제안했다. 마음의 빚과 족쇄를 털어 내자는 맘으로 여자는 이별 여행을 수락했다. 이미 기울고 파탄 난 사랑을 대등한 사랑으로 되돌려 보겠다는 집요한 설득이 끝끝내 무위로 돌아간 어느 순간 남자는 운전하던 자동차를 계곡 아래 벼랑으로 망설임 없이 내몰았다. 영화 속 델마와 루이스가 그랜드 캐년의 아찔한 계곡 아래로 자동차를 날려 버린 것처럼…. 남녀 간 이별 여행은 세상과 영원한 작별 여행이 되었다.

여자의 변심은 때로 죽음을 부를 만큼 치명적이고 폭력적이다. 지금 KBS를 향한 시청자들의 변심도 치명적이다. KBS의 존재를 뿌리부터 뒤흔들 만큼 일방적이어서 더욱 서늘하다.

열네 번째

일상에서
만나는 노래

노래를 무서워하는 사람들

"간절한 소망이 일상에서 작은 우연을 만나
커다란 기회의 폭죽으로 터진다."

대중음악 작사가 김이나는 그의 수필집 『김이나의 작사법』에서 이렇게 말했다. 그는 대한민국에서 대중음악 가사 저작권료를 가장 많이 받는 사람이다. 휴대전화 컬러링, 즉 모바일 콘텐츠 제작업체에서 일하며 음악에 대한 열망을 놓지 않았던 그는 작곡가 김형석을 우연히 만나 큰 기회를 얻었다. 그리고 운명처럼 작사가의 길로 접어들었다. 그 순간을 되짚으며 그가 한 말이었다.

대중가요 가사를 만들 때 유명 뮤지션들은 대개 남녀 간 러브라인을 단계별로 설정해 사랑이나 이별에 관한 상상을 하고 그 감성을 듬뿍 담아 가사를 만든다고 했다. 예를 들면 이렇다. 남녀가 썸을 탈 때 애틋한 감성을 상상하며 아이유의 〈금요일에 만나요〉란 노래가 만들어졌다. 사랑의 시작 단계에 설레는 상상을 담아 성시경의 〈내게 오는 길〉이라는 노래가 태어났다. 사랑의 절정 단계에서 뜨거운 열정을 느끼며 케이윌의 〈가슴이 뛴다〉가 만들어졌고, 이별을 예감하는 쓸쓸한 감성을 담아 김건모의 〈잘못된 만남〉과 〈핑계〉란 노래가 탄생했다. 이별 직후 애잔한 감성에 젖어 이현우의 〈헤어진 다음날〉이 생겨났고, 이별의 아픔을 극복한 아릿한 맘으로 김연우의 〈MOVE〉라는 노래가 생겨난 것이라고….

물론 나는 이 가수들과 노래들을 대부분 알지 못한다. 연인이든 친구든 동료든 사람들은 처음 만나 알아 가고 사귀고 사랑하고 헤어지고 잊혀지는 일상에서 각기 다른 온도와 감성을 굽이굽이 품고 산다. 어느 대목에서든 영혼을 울리고 감성을 촉촉이 적시는 음악을 만나면 우리는 큰 위로를 받는다. 그래서 운동을 싫어하는 사람도 있고, 미술을 좋아하지 않는 사람도 있지만 음악을 싫어하는 사람은 존재할 수 없다고 했다. 좋은 가사를 붙이면 평범한 곡도 특별해진다.

소설가 장은진은 그의 중편 「하품」에서 노래에 글을 입히는 것, 가사를 붙인다는 건 음마다 그에 어울리는 모양과 색상의 단추를 다는 일과 같다고 했다. 가사는 음을 흡수하고 음은 가사를 허락해서 음과 글이 서로 헛돌지 않아야 한다고 했다. 그래야 심심하고 답답한 곡에 마음이 실리고 특별한 노래가 된다고 했다.

위대한 작사가나 작곡가처럼 복잡하고 연속적인 일상에서 어느 한 단면을 포착해 섬세한 감성으로 풀어내는 재주가 내겐 당연히 없다. 그러나 인생의 어느 특정 시기를 관통하며 영혼을 뒤흔드는 노래가 누구나 하나쯤은 있을 수 있다. 요즘 나뿐 아니라 나와 함께 일하는 수신료국 직원들 모두의 영혼을 요란스럽게 뒤흔드는 웅장한 노래가 하나 생겼다. 리듬도 경쾌하고 선율도 발랄하기 그지없는 클래식 음악〈라데츠키 행진곡(Radetzky Marsch)〉이 바로 그런 노래다. 산뜻하면서도 웅장한 음률과 중독성 있는 멜로디로 각종 공식 행사나 축하 파티에 단골로 연주되는 대표적 행진곡이다.

"딴따라 단따라 단딴딴딴~"
"따안~ 따라 단 딴 딴!"

수신료국 고양분소 사무실에 설치돼 있는 민원 전화. 특히 직원들이 각자 자기 자리에서 당겨 받기가 가능한 대표 민원 전화의 수신음, 즉 컬러링이 바로 170여 년 전에 만들어진 이 웅장

한 클래식 행진곡이다. 19세기 중반 오스트리아 합스부르크 왕조의 왕실 군대를 지휘했던 라데츠키 장군을 찬양하기 위해 요한 슈트라우스(Johann Strauss) 1세가 만든 경쾌하면서도 우렁찬 행진곡이다.

이 곡을 수신료국 직원들은 날마다 수십 번씩 들어야 한다. 아무리 선율이 뛰어난 명곡이라 할지라도 잠깐의 안온한 침묵조차 허용하지 않고 분 단위로 울어 대는 노래는 음악이 아니라 난폭한 굉음이다. 더구나 경쾌하고 웅장한 소음 뒤에 줄줄이 딸려 오는 사연들이 하나 같이 짜증과 악담과 분노라면 이 노래는 가엾은 영혼에 공포의 트라우마를 들이붓는 화약고의 도화선이 된다. 수신료국 고양분소 직원들은 날마다 '라데츠키 포비아(Radetzky Phobia)'를 앓고 있다. 이 음악만 들으면 심장이 쿵쿵 요동치고 맥박이 씽씽 전력 질주를 한다.

김이나의 말처럼 사소한 일상에서 우연히 만난 짧고 강렬한 음악이 어느 순간 거대한 활화산처럼 분출해 마그마 같은 공포의 폭죽을 터뜨리고 만다. 노래가 무서울 수 있다는 걸 요즘 들어 새삼 느꼈다.

가난을 노래하는 사람들

다른 방송사들은 TV 수신료를 받지 않는데 왜 KBS만 따로 돈을 받느냐, KBS 프로그램을 시청하지 않는데 왜 TV 수신료 청구서는 자꾸 날아 오느냐, TV 수신료를 내지 않으면 어떻게 되느냐, TV가 고장 났는데 수신료를 꼭 내야 되느냐, 다른 지방으로 장기 출장 중이라 집을 몇 달째 비워 두고 있는데 수신료를 꼬박꼬박 청구하는 게 온당한 처사냐, 요즘 KBS는 도대체 왜 그 모양이냐 등 저마다 품고 있는 사연도 다채롭기 그지없다.

이런 민원인들에게 방송법 조문을 일일이 열거하고 공영방송의 공적 책무와 역할, 재원에 대해 열띤 토론을 벌이는 일은 다람쥐가 쳇바퀴를 돌리듯 지치는 무한반복의 루프 방정식이다. 그러다가 한 번쯤 어디에나 꼭 존재한다는 악성 민원인을 만나면 지친 영혼은 거침없이 안드로메다를 향한다. 민원 전화에 시달려 너덜너덜해진 영혼을 겨우 추스르던 어느 날 라데츠키 장군을 찬양하는 노래가 어김없이 울렸다.

감기가 들었는지 칼칼하게 잠긴 목소리에 살짝 비음이 섞여 있었다. 중년의 남성은 공실로 비워 두고 아무도 살지 않는 집에 TV 수신료가 계속 청구돼 왔다면서 1년치 수신료를 몽땅 환불해 달라고 말했다. 빈집에 수신료를 받았다면 부당 징수에 해당하므로 환불 조치가 마땅하다. 주소와 TV 관리번호를 물어 조회해 보았더니 경기도 포천시 외곽에 있는 100여 세대 남짓 나홀로 아파트였다. 공실로 비어 있던 집이 맞는지 확인하기 위해 한국전력 전기요금 징수 전산망을 확인해 보니 매달 꾸준히 전기 사용량이 기록돼 있었다. 빈집이 아니었다는 얘기다. 아파트 관리사무소에 전화를 걸어 해당 세대 정보를 물었다. 최근까지 입주민이 거주하다 한 달쯤 전에 전출해 나갔고 지금은 아무도 살지 않는다고 말했다. 현재는 공실이 맞지만 한 달 전까지 사람이 살던 집이었다.

이런 사정을 설명하며 공실 세대가 아니었던 것 같다고 물었더니 '사실상 빈집'이었다고 말을 바꿨다. 조카를 세입자로 두고 보증금 없이 약간의 월세만 받았는데 다달이 관리비도 집주인인 본인이 직접 부담해 왔노라고 설명했다. 조카를 직원으로 고용해 조그만 당구장을 열었고 낮에는 본인이, 밤에는 조카가 하루 24시간을 교대로 운영하며 힘겹게 버티다 요즘 들어 장사가 너무 안 돼 얼마 전 폐업을 했다고 하소연했다. 그동안 조카는 당구장에서 숙식을 해결하다시피 지냈고 해당 아파트는 거의 빈집이나 다름없었다고 거듭 설명했다. 당구장에도 매달 TV 수신료가 부과됐고, 조카에게 세를 내주었던 아파트에도 매달 관리비에 TV 수신료가 포함돼 나갔으니 본인은 이중으로 수신료를 부담한 셈이라며 환불을 받아야 마땅하다고 주장했다.

그가 환불을 요구한 1년치 수신료는 3만 원이었다. 사정은 딱했지만 환불은 현실적으로 불가능했다. 자동차를 두 대 보유하고 있으면 자동차세를 두 대분 내야 하듯이 TV 수상기가 집과 점포에 두 대 있으면 TV 수신료도 따로따로 두 대분을 내야 한다. 이를 정말 몰랐던 건지 아니면 알면서도 억지를 부린 건지 알 수 없는 일이다.

수필집 『일인칭 가난』의 작가 안온(安穩)은 이름처럼 안온한 삶을 살지 못했다. 작가는 기초생활수급자로 살아온 20년간의 체험을 풀어내며 가난은 일인칭일 수 있지만 일인분은 아니라고 말했다. 가난은 개인의 문제가 아니라 공동체가 만들어 낸 제도와 관습의 문제라는 것이다. 가난한 사람은 누구보다 현실을 벗어나고 싶지만 누구보다 강하게 현실에 묶여 있다고 말했다. 미래를 고민하다 써버린 시간에 돈을 쳐줄 사람이 없으므로 어떤 일을 할지, 어떤 사람으로 살아갈지 고민 따위를 할 시간조차 없다고 했다. 정말 가난한 사람은 가난을 노래할 여유조차 허락되지 않는다고 말했다.

당구장 사장에게 몰아닥친 가난은 온전히 그만의 책임일까? 그는 몇 인분의 가난이었을까? 우리 사회의 어떤 제도와 관습이 그를 가난으로 내몰았을까? 그가 요구한 환불금 3만 원은 그에게 미래의 희망이었을까? 그는 진정 가난한 걸까? 가난한 척 가난을 맛보려던 것일까? 단지 가난의 노래를 불러 보고 싶었을까? 생각이 많아지는 날이었다. 복잡한 맘으로 주섬주섬 퇴근 준비를 서두르는데 또다시 라데츠키 행진곡이 힘차게 울렸다.

"아! 그 음악은 제발 틀지 마세요 DJ~"

열다섯 번째

호수에 달이 뜬다

다섯 개의 달

"花間一壺酒(화간일호주)
꽃밭에 술 한 병 놓고

獨酌無相親(독작무상친)
벗도 없이 술을 마시네.

擧杯邀明月(거배요명월)
잔 들어 밝은 달에 비추니

對影成三人(대영성삼인)

그림자까지 셋이 되었네."

중국 당(唐)나라의 시선(詩仙) 이백(李白)이 쓴 오언율시(五言律詩) 형식의 시조(調詩) '월하독작(月下獨酌)'의 앞부분이다. 바람도 선선한 봄밤에 꽃밭에 홀로 앉아 술잔을 기울이며 은은한 달빛에 몸을 맡긴 채 번잡한 속세를 잊으려는 시인의 유유자적한 심성이 물씬 풍긴다. 자연과 내가 완벽하게 하나 되는 물아일체(物我一體)의 경지다. 술잔에 비친 달은 당나라에서만 그윽한 게 아니었다.

강릉 경포대(鏡浦臺)에는 무려 다섯 개의 달이 뜬다. 하늘에 뜬 휘영청 보름달과 아른거리는 경포 호수에 비친 달, 일렁이는 동해 바다에서 춤추는 달, 술잔에 맑게 비친 달, 마주 앉은 님 눈동자에 잠긴 달이다.

나는 기자 생활 초입에 강원도 강릉 KBS 방송국에서 2년간 지역 순환근무를 했다. 같이 근무하던 후배 동료 기자 부모님은 경포 해변에서 조그만 횟집을 운영했다. 주머니가 얄팍한 초임 기자들에게 그 횟집은 일과 후 소주 한잔으로 지친 영혼을 달래는 아늑한 사랑방이었다. 아들 같은 기자들에게 사장님은 술값과 안줏값을 턱도 없이 덜 받았다. 번번이 죄송해서 바쁜 주말엔 방문을 자제했다. 소낙비가 줄줄 온다든지 비브리오 패혈증 환자가 생겼다는 뉴스가 방송되는 날이라든지 여러 가지 이유로 손님이 별로 없을 것 같다는 핑계가 떠오르면 우리는 그 횟집으로 모였다. 술잔을 붙들고 마주 앉은 님이 비록 애틋한 그 님은 아니었지만 떠오른 달은 늘 다섯 개가 넘었고 어떤 날은 열 개가 넘을 때도 있었다.

강릉 경포대의 보름달이 갑자기 생각난 건 퇴근 후 아내와 저녁밥을 먹으면서 무심히 TV 뉴스를 시청하던 어느 날이었다. 내란 우두머리 혐의 윤석열 전 대통령이 헌법재판소 탄핵 심판 변론기일에 출석해 도리질을 치며 이렇게 말하던 순간이었다.

"이번 사건을 보면 실제 아무런 일도 일어나지 않았는데 지시를 했니 받았니 이런 얘기들이 마치 호수 위에 떠 있는 달그림자 같은 걸 쫓아가는 느낌을 받았다"라고…

아무 일도 일어나지 않았다고 말했다. 호수 위에 떠 있는 달처럼 실체가 없다고 주장했다. 비상계엄 발령을 본인이 생방송으로 발표하고 계엄 사령관 명의로 계엄 포고령이 선포되고 국회 의사당이 봉쇄되고 중앙선거관리위원회 메인 서버가 특전사 군인들에게 털린 것 정도는 그에게 아무 일도 아니었다. 일부 정치인을 체포하라는 지시와 언론사, 방송사, 여론조사 기관에 전기와 물을 끊으라는 지시가 하달되는 과정은 과욕이 넘치는 부하들이 독심술에 통달해 상관 심기를 먼저 읽어 내고 알아서 충성한 것이었다. 내란수괴나 그 잔당들의 명령이나 지시 따위는 절대 없었다고 주장했다.

참으로 기괴하고 망측한 불가사의였다. 지시도 없이 알아서 척척 움직이는 대한민국 특전사는 과연 세계 최강의 군대였다. 뜬금없는 비상계엄에 놀라 밤잠을 설치고 국회의사당으로, 광화문으로 뛰쳐나온 시민들은 놀란 가슴을 진정시키려고 몇 날 며칠을 정신과 상담까지 받고 있는데 그는 아무 일도 없었다고 말했다. 내란수괴 파면을 외치며 수만 명의 시민들이 살을 에는 엄동설한에 길바닥 위에서 알루미늄 호일 담요를 펭귄처럼 뒤집어쓰고 며칠씩 밤샘 농성을 벌이는 일쯤은 그에게 아무 일도 아니었다. 가해자는 없는데 피해자들만 요란을 떠는 괴상망측한 형국이었다.

『땅에 내린 별, 내란을 넘다』라는 제목의 수기 모음집은 야만과 미몽의 그 밤에 분연히 떨쳐 나가서 이 나라를 구해 낸 평범한 시민 영웅들의 감동적인 이야기다. 피땀 흘려 일궈 낸 이 땅의 민주주의를 무자비하게 유린하며 역사의 시곗바늘을 맥없이 되돌리려던 내란 세력에 분연히 맞서기 위해 걸어서, 뛰어서, 날아서 자발적으로 국회 의사당 앞에 모여든 시민들은 특전사 정예군인과 수방사 경비단, 707 특임대 등 중무장한 계엄군 총부리를 맨몸으로 막아 냈다. 이후 진행된 탄핵 정국에서도 알루미늄 호일 담요를 두른 이른바 '키세스 돌부처 군단'은 엄동설한에 꽁꽁 얼어붙은 아스팔트 바닥을 밤새 맨몸으로 녹이며 광화문에서, 여의도에서 내란 세력, 탄핵 반대 세력을 결연하게 압도했다.

이토록 유난스러운 변고들이 정녕 아무 일이 아니라면 우리나라 형법에 똑똑히 박혀 있는 각종 미수죄나 협박죄는 진즉에 폐기됐어야 마땅하다. 비상계엄의 이유는 더욱 신비로웠다. 파렴치한 종북 반국가 세력들을 일거에 척결하고, 자유 헌정 질서를 지키기 위해 비상계엄을 선포한다고 말했다. 그러면서 종북 반국가 세력이 도대체 누구인지 자유 헌정질서가 어디서 어떻게 무너졌는지 제대로 된 설명은 한마디도 없었다. 만우절 거짓말이려니 생각하기엔 규모와 범위가 너무 방대했다. 천 개의 강에는 천 개의 달이 뜬다. 호수에 뜬 달은 하늘에 떠 있는 달의 실체적 반증이다. 호수에 뜬 달은 결코 허구의 달이 아니다. 적과 동지, 좌파와 우파, 민주와 반민주로 세상을 오직 이분법적으로 가르고 억압하는 편협한 지도자에게 호수에 뜬 달을 굽어보며 세상을 두루 포용하는 아량과 낭만을 기대하는 건 애당초 무리였는지도 모른다.

탄핵의 강을 건너다

최근 20여 년 사이 우리는 직접 뽑은 대통령을 세 번이나 탄핵하는 불행한 역사를 갖게 됐다. 2004년 노무현 탄핵은 대통령의 정치적 중립 의무 위반이 문제였다. 대통령이 여당을 지지하는 발언을 함으로써 선거법을 폄하하고 헌법을 위반했다며 거대 야3당이 국회에서 대통령 탄핵소추안을 가결했다. 가결 직후 발표된 여론조사는 탄핵 반대가 65.2%, 탄핵 찬성이 30.9% 였다. 광화문 일대에 탄핵 반대 촛불이 들끓었고 두 달 뒤 헌법재판소는 탄핵 심판에서 기각 결정을 내렸다. 헌법 위반의 소지가 일부 있지만 대통령을 파면할 정도로 중대하고 심각한 비위는 아니라고 판단했다.

탄핵 정국에서 치러진 17대 총선에선 탄핵 역풍은 거셌다. 소수당이었던 열린우리당은 국회 과반 의석을 확보했고, 탄핵을 주도한 야당은 소수당으로 쪼그라들었으며 야당 정치인들은 줄줄이 정계를 은퇴했다. 열심히 일하려던 대통령을 깔보고 밀어붙였다가 민심의 역풍을 맞아 자멸한 한 편의 자해 공갈극이었다.

2017년 박근혜 탄핵은 헌정 사상 최초로 국가원수가 파면된 탄핵이었다. 사이비 교주 딸이라는 한 민간인이 대통령의 눈과 귀를 가린 채 국정에 간섭하고 사익을 추구해 국가를 농단한 범죄가 문제였다. 대통령은 무능했고 측근들은 교활했다. 여론에 떠밀려 여야 할 것 없이 추진된 대통령 탄핵소추안은 국회에서 압도적으로 가결됐다. 여론조사 결과도 탄핵 찬성 81%, 탄핵 반대 14%였고, 석 달 뒤 헌법재판소는 8명 전원일치 결정으로 대통령 탄핵을 인용했다. 철저히 아무 일도 안 했던 무능한 대통령이 끝끝내 버티다 국민들 손에 강제로 끌려 내려온 씁쓸한 비극이었다.

지금 우리는 세 번째 탄핵의 강을 건너고 있다. 2025년 세 번째 탄핵은 보수진영에서 배출한 대통령이 두 번째로 파면된 탄핵이었다. 군사 독재 체제를 피 흘리며 극복했던 선진 민주국가가 검사 독재 체제로 맥없이 퇴행하던 아찔한 순간에 반역의 물결을 시민들 힘으로 일거에 되돌려 놓은 역사적 탄핵이었다. '사람에게 충성하지 않는다'는 명문으로 일약 국민적 영웅으로 떠올랐던 스타 검사 출신 대통령이 무능과 탐욕으로 얼룩진 권력의 칼날을 포악하게 휘두르다 스스로 역풍을 맞아 처절하게 몰락한 웃기고도 슬픈 싸구려 신파극이었다.

역사는 직진하지 않지만 후퇴하지도 않는다. 도도한 역사의 강물이 어느 바다로 흘러갈지 아직은 현재진행형이다. 세 번째 탄핵을 통해 반드시 바로 잡아야 할 거대한 역사의 퇴행이 우리 사회 곳곳에 널브러져 있다. 0.7% 차로 패배한 경쟁자를 절멸시켜야 할 흉악범으로 끌어내린 천박한 정치의식, 선거를 통해 선택된 190석 거대 야당을 헌정 질서 파괴 집단으로 몰아붙인 적대적 의회 문화, 강제징용 피해자 배상을 틀어막고 사도 광산을 유네스코 세계 문화유산으로 등재하도록 묵인한 굴종적 대일 외교, 남북 관계 파탄과 북한 핵무장, 동북아 신냉전 구도를 부활시킨 적대적 외교 안보, 고물가·고환율·저성장·수출 부진이 겹쳐 나 홀로 추락하는 한국 경제, 팬데믹보다 더 심각한 최악의 불경기로 무너지는 자영업자, 150여 명이 깔려 죽은 사회적 재난 앞에 나라를 구하려다 죽었느냐며 조롱과 멸시를 마다하지 않는 패륜적 공직 의식, 최고 권력자와 가족의 비리를 감시하는 언론과 시민단체를 일거에 척결해야 할 종북 빨갱이 반국가 세력으로 치환하는 독재적 언론관. 되돌려야 할 역사의 수레바퀴는 아득하고 까마득하다.

사족으로 하나만 첨언하자면 거대한 퇴행의 물결 구석 자리 어디쯤엔 사회적 비효율만 잔뜩 양산하고 수십만의 국민들을 체납자로 전락시킨 KBS 수신료 분리 징수 정책도 놓여 있었다. 1년 9개월 만에 다시 수신료 통합 징수 법안이 국회를 통과해 제자리로 돌아왔지만 그동안 낭비된 사회적 비용은 되돌릴 길이 없다. 통치 철학과 국정 운영의 비전이라고는 눈 씻고도 찾을 수 없는 무능하고 탐욕스러운 지도자가 3년 가까이 싸질러 놓은 파렴치한 오물들이 세상천지에 그득하다.

세간에 윤석열의 3대 업적이라는 우스갯소리가 있다고 한다. 서울대 법대생이 얼마나 허접한 존재인지 깨닫게 해준 것이 첫 번째 업적이요,(서울대 법대에 대해 난 개인적 이해나 유감이 전혀 없다) 그의 친정이라는 검찰이 얼마나 비겁하고 악랄한 조직인지 새삼 확인시켜 준 게 두 번째 업적이요,(두목과 경쟁하던 정치 지도자에게 2년여 동안 60여 명의 검사를 투입해 370여 차례 압수수색을 실시한 건 검찰 설립 이래 전대미문의 기록이다) 대통령이 저잣거리 장삼이사와 하등 다를 바 없다는 자신감을 대중들에게 확산시켜 준 게 세 번째 업적이라 한다.(과음과 숙취 때문에 지각 출근을 하거나 가짜 출근을 한 횟수가 2024년 11월 한 달 동안 확인된 것만 5차례에 이른다고 한다) 나는 여기에 네 번째 업적을 하나 더 추가하고 싶다. 무엇보다도 그의 가장 큰 업적은 왕관의 엄중한 무게를 끝내 고집하지 않고 기어이 제 스스로 탄핵의 길로 들어서 파면을 자초한 것이었노라고….

미국 서던 캘리포니아 대학 의대교수인 데이비드 B. 아구스(David B. Agus)는 저서 『코끼리는 암에 걸리지 않는다』에서 인간의 건강과 장수에 관한 새롭고 생생한 통찰을 제시했다. 건강과 수명, 심지어 사고방식이나 대인관계 방식에 있어서도 인간은 동물이나 다른 하찮게 여기는 생명체로부터 배울 수 있는 교훈이 너무 많다고 설명했다. 인간을 괴롭히는 치매나 고혈압, 심장병, 당뇨병, 비만, 골다공증, 자가면역 질환을 그는 문명의 질병이라 불렀다.

인간이 문명의 질병을 앓는 이유는 만성 스트레스와 하루 종일 앉아서 일하는 생활 습관, 초가공 식품 과다 섭취 등의 건강하지 않은 식습관이라고 강조했다. 안락한 공간에서 하루 종일 몸을 움직이지 않으며 풍부한 영양분을 수시로 접하는 인간의 생활 방식에서 벗어나 야생동물처럼 행동하라고 경고했다. 야생동물이라는 가장 완벽한 이웃들이 들려주는 생생한 교훈을 깨달아야 한다고 주장했다.

그는 특히 반복적인 음주로 알코올에 장기간 노출되면 측두엽의 청각 정보 처리 영역인 중추 청각피질이 손상된다고 설명했다. 과도한 음주는 두뇌를 스펀지처럼 숭숭 구멍 나게 한다는 세간의 속설이 전혀 근거 없는 얘기가 아닐 수도 있겠다. 알코올에 찌들어 가짜 출근 소동을 수시로 벌였던 윤석열의 두뇌는 중추 청각피질에 심각한 손상이 생겼을 가능성이 높아 보인다. 의회 권력을 쥐고 있는 야당과 협치를 해야 한다는 여러 언론과 각계 원로들 충고는 아예 귓등으로도 듣지 않았다. 전시나 비상시국도 아닌데 계엄이 웬 말이냐며 뜯어말리던 일부 정치권 인사나 장관들의 충직한 조언도 싸그리 무시했다. 못 들었던 것인지, 안 들렸던 것인지 모르지만 듣지 못하는 지도자는 조직을 급속도로 파멸시킨다. 3년도 너무 길었다. 아듀(Adieu) 윤석열이다.

열여섯 번째

이것은
물이다

물처럼 공기처럼…

'이것은 물이다(This is water)'

미국의 소설가이자 비평가, 교수인 데이비드 포스터 월리스(David Foster Wallace)는 우리에게 낯설다. 괴짜, 천재, 변태 등이 그를 표현하는 말들이다. 그의 장편소설『무한한 농담(Infinite jest)』은 무려 천 페이지가 넘는 벽돌책으로 독자와 비평가들에게 악명을 떨쳤다. 그의 첫 산문집『재밌다고들 하지만 나는 두 번 다시 하지 않을 일(A supposedly fun thing I'll never do again)』도 에세이 한 편에 170페이지가 넘는다. 여행자들이 평생을 꿈꾼다는 궁극의 낭만 여행 카리브해 연안 호화 크루즈 여객선 관광을 직접 체험하면서 작가는 자본주의의 과도한 상업성과 위선을 담담한 어조로 예리하게 비판했다. 그는 젊은 시절 테니스 선수였다. 작가로 변신한 이후 테니스를 소재로 글을 자주 썼다. 2006년 윔블던 테니스 대회 결승전에서 벌어진 로저 페더러와 라파엘 나달의 명승부를 묘사한 수필「페더러 육체이면서도 그것만은 아닌(Federer both fresh and not)」은 세기의 명승부 한 편을 마치 영화처럼 지면에 펼쳐 놓은 듯 눈앞에 아스라하다. 내가 평소 테니스라는 운동을 몹시 좋아해서 이 작가에게 각별한 애정이 있는지도 모르겠다. 히피처럼 치렁치렁 늘어진 장발에 헤드밴드를 차고 동그란 뿔테 안경 너머 잠겨 있는 그윽한 눈동자는 에세이(Essay)라는 장르를 통찰과 사유의 결정체로 높이 승화시킨 엄청난 내공을 담고 있다. 신께서도 그의 재능을 질시했는지 평생 불안장애와 우울증이라는 몹쓸 고통에 시달리다 2008년 46살에 스스로 생을 마감했다. 그래서 더욱 애틋하다. 그의 작품『이것은 물이다』는 2005년 5월 오하이오주 케니언 대학(Kenyon college)에서 행한 강연을 책으로 엮은 것이다. 그는 강연 첫머리를 물고기의 우화「이것은 물이다」로 시작했다. 내용은 이렇다.

"어린 물고기 두 마리가 헤엄을 친다.
맞은 편에서 어른 물고기가 다가온다.
눈이 마주치자 어른 물고기가 먼저 인사를 건넨다.

'안녕, 얘들아! 오늘은 물이 참 좋구나.'
'네. 그러네요.'
무심히 인사를 나누고 지나쳐간 어린 물고기들은
잠시 후 서로에게 물었다.
'야! 근데 넌 물이 도대체 뭔지 아니?'"

너무나 소중한 존재임을 잘 알지만 주변에 늘 당연한 듯 있어서 존재조차 잊고 사는 것들을 설명할 때 흔히 쓰는 비유다. 대기권을 벗어나야 공기가 존재했음을 기억하고 낚싯바늘에 끌려 올라와야 물이 존재했음을 느끼는 것처럼 말이다. 비상계엄이 선포되고 내란이 벌어지고 나서야 우리는 민주주의의 소중함을 비로소 깨달았다.

물 밖에 나온 물고기, 분리 징수

TV 수신료 분리 징수 정책이 본격적으로 시행되면서 별도 납부 또는 분리 납부라는 제도가 필연적으로 생겼다. 과거처럼 한전 전기요금에 통합 징수됐던 세대별 TV 수신료를 전기요금과 별도로 분리해서 따로 고지받고 따로 납부할 수 있도록 시청자가 선택하는 제도다. 시청자가 이 제도를 선택하면 전기요금에 합산 고지돼서 수신료를 납부하던 기존 방식은 종료된다. 그리고 해당 세대에는 TV 수신료 청구서가 따로 우편이나 모바일, 이메일로 발송된다. 시청자는 수신료 청구서를 들고 납기일 안에 은행 창구를 직접 방문해서 돈을 내야 한다. 아니면 모바일 뱅킹으로 직접 계좌이체 과정을 진행해야 한다. 자칫 지정된 납기일을 넘기면 가산금이 3% 붙는다.

번거롭고 복잡한 제도를 스스로 수고롭게 선택한 사람들 상당수는 TV 수신료를 내지 않겠다는 마음을 바닥에 깔고 있다. TV 수신료를 내는 일이 영 마뜩잖을 수도 있고 KBS가 미워서 그럴 수도 있다. 실제 분리 납부 제도를 선택한 세대를 조회해 보면 열에 아홉은 몇 달째 수신료 체납액과 가산금이 수북이 쌓여 있다. 바빠서 못 냈든 깜빡하고 잊었든 분리 징수 정책은 시청자 수십만 명을 불법 체납자로 만들었다. 과거에 시행됐던 TV 수신료 통합 징수 정책은 호수 안에 노닐던 물고기가 그동안 존재를 의식하지 못했던 물과도 같은 존재였다. 일상에서 숨을 쉬듯 자연스럽게 진행됐던 세금 납부 행위가 의식을 거스르는 껄끄러운 철 수세미처럼 변했다.

분리 징수 제도를 선택하고 TV 수신료 체납액이 자꾸 쌓이면 KBS는 다달이 체납액과 가산금이 합산된 청구서를 미납 가정으로 반복해서 발송한다. 모바일 방식도 활용해 휴대전화 문자로도 납부 독촉을 거듭한다. 체납자들은 처음 한두 달은 무시하고 지냈지만 6개월이 지나고 1년이 지나 액수가 계속 늘어나면 영 신경에 거슬린다. 가산금이 다달이 3%씩 붙게 되고 추징금도 부과될 수 있으며 국세 체납 처분의 예에 따라 계좌 압류 등 강제징수 조치도 내릴 수 있다고 섬뜩한 경고장이 날아간다. 안 냈든, 못 냈든 버티고 버텨 왔던 체납자들은 조금씩 부채 의식이 커지고 죄책감도 쌓인다. 한 달에 2,500원, 6개월에 1만 5천 원, 1년에 3만 원, 고작 2~3만 원 체납액 때문에 계좌가 압류 동결되면 신용등급은 수직으로 낙하하고 각종 은행 거래 같은 경제생활이 여간 불편해지는 게 아니다.

슬금슬금 밀려오는 불안감을 견디지 못해 결국 밀렸던 체납액과 가산금을 한꺼번에 정리해 버리자고 결심한다. 그러고는 다시 예전처럼 전기요금과 합쳐서 납부하는 통합 징수 방식으로 환원해 달라고 요청한다. 짜증과 분노를 잔뜩 머금은 채 까칠하게 가시 돋친 목소리는 수신료국 직원들이 당연히 감내해야 하는 일종의 덤이다.

암 생길 것 같아요. 다시 통합 징수로…

동두천시 한 아파트에 사는 50대 아주머니가 퇴근을 앞둔 오후 5시쯤 전화를 걸어왔다. 지난해 7월부터 분리 징수 정책이 시행되자마자 재빠르게 분리 납부를 신청한 시청자였다. KBS가 얄밉고 꼴도 보기 싫어서 그랬다고 말했다. 뉴스나 프로그램이 모조리 맘에 안 들고 드라마도 재미가 없어 볼만한 프로그램이 없다고 했다. 수신료는 7개월째 밀려 있어 체납액과 가산금은 17,920원이었다. 일곱 달치 수신료 17,500원에 여섯 달치 가산금 420원이 합산된 금액이었다. 체납액이 밀리고 가산금이 쌓이면서 휴대전화로 미납금을 납부하라는 지정 계좌 알림 문자와 함께 섬뜩한 경고문을 받았다. 전기요금, 아파트 관리비, 신용카드 결제대금, 대중교통 이용요금 같은 여러 가지 공과금이 매달 자동이체 되는 은행 주거래 계좌가 고작 17,920원 때문에 압류될 수 있다는 사실을 뒤늦게 알았다. 짜증이 나고 부아가 치밀어 올라 며칠을 고민하다 마침내 결심을 내렸다. 몇 푼 안 되는 돈이니 없는 셈 쳐서 내버리고 말자고 맘을 다독였다.

　　KBS가 알려 준 지정계좌로 자동이체를 시도했는데 송금 오류 메시지가 자꾸 뜨고 입금이 계속 안 됐다. 계좌번호를 잘못 눌렀나 싶어 몇 번이고 재차 확인을 시도해 봤지만 역시 마찬가지였다. 낼까 말까 며칠을 망설이는 사이에 그만 납기일을 놓쳤고, 납기일을 넘기면 지정 계좌에 입금이 안 된다는 걸 아주머니는 알 턱이 없었다. 사정을 모르니 아주머니는 자신의 계좌가 실제 압류된 건 아닌지 덜컥 불안감이 몰려왔다. 뭔가 잘못됐나 싶어 급한 대로 인터넷에 KBS 수신료국 전화를 검색해 민원 전화를 걸었다. 하루 종일 통화중이거나 신호가 가더라도 연결이 안 됐다. KBS 인터넷 홈페이지에 온라인 민원도 접수해 보았지만 가타부타 아무런 연락이 없었다. 불안감은 점점 산처럼 커졌다.

　　그러던 차에 마지막이라 생각하고 걸었던 민원 전화에서 어렵게 나와 통화 연결에 성공했다. 반가움과 얄미움, 안도감과 야속함이 뒤죽박죽 어지럽게 반죽된 복잡미묘한 상태였다. 정중하게 전화에 응대하자 내 이름과 직통 전화번호를 먼저 묻고는 다짜고짜 본인을 책임지라고 말했다. 며칠째 이 문제로 골머리를 앓아 암이 다 생길 지경이라고 엄포를 놓았다. 문제가 해결되기 전까지 나는 퇴근도 하지 말라고 강짜를 놓았다. 당장 미납된 금액을 모두 납부할 수 있도록 조치해 줄 것과 그동안 집으로 날아왔던 수신료 청구서도 더 이상 받기 싫으니 아파트 관리비를 정산할 때 전기요금에 통합 징수될 수 있도록 환원해 달라고 요청했다. 원하는 대로 새로운 납부 계좌를 지정해서 휴대전화 문자로 안내하고 납기일도 2주가량 넉넉하게 잡아 그 안에 꼭 납부하시라 말씀드렸다. 앞으로는 수신료 청구서가 댁으로 우편 발송되지 않도록 했으며 아파트 관리실에도 관리비와 통합 징수를 시행하도록 확인 전화를 하겠노라 말했다. 그제서야 묵은 체증이 내려간 듯 고맙고 수고했다며 아주머니는 전화기를 내려놓았다.

잠재적 범법자를 양산하다

수신료 분리 징수는 명목상 시청자의 납부 선택권을 보장한다는 취지로 시행됐다. 그러나 분리 납부를 선택한 국민을 불법 체납자로 만들었고 KBS 재원 구조를 뿌리부터 뒤흔들었다. 정권이 공영방송을 수족처럼 장악한 것 말고는 사회 구성원 모두를 피곤하게 만들었다.

사회적 비효율도 증가시켰다. 2,500원짜리 수신료 청구서 한 장을 우편으로 보내는데 우푯값과 인쇄비 등 고지와 수납 비용이 600원이 넘는다. 모두 합치면 연간 4백억 원의 징수 비용이 추가로 발생한다. 한 장 한 장 출력된 청구서는 우체부가 일일이 발품을 팔아 각 가정 문틈으로 밀어 넣어야 한다. 청구서를 받아 든 시청자는 은행 창구에서 번호표를 뽑고 기다리며 번거롭게 은행원을 마주쳐야 한다. 납기일을 놓치거나 안 내면 KBS는 체납금에 가산금까지 붙은 청구서를 낼 때까지 꼬박꼬박 발송한다. 이 과정이 하나라도 실수나 착오가 생기면 아파트 관리사무소나 한국전력, 금융기관, KBS 등에 민원이 쌓이고 불필요한 행정 수요가 발생한다.

분리 징수 여부를 직접 선택할 수 있는 공동주택 입주자는 약 1,140만 가구 정도로 집계된다. 분리 징수와 분리 고지 제도가 시행된 이후 약 10개월 동안 실제로 분리 납부를 신청한 가구는 불과 2.9%, 대략 34만여 가구 정도다. 수신료 분리 납부를 신청한 가구의 95%, 약 32만 가구는 미납금과 가산금이 몇 달치씩 쌓여 있어 잠재적 범죄자를 양산하고 있다. 분리 납부를 신청했다가 이런저런 불편을 겪고 나서 다시 전기요금 통합 징수로 환원해 달라는 민원이 날마다 계속되고 있다. 분리 납부 세대는 차츰 줄어드는 추세지만 체납금이 계속 쌓이면서 방송법으로 정한 수신료 납부의 형평성은 크게 훼손됐다. 가산금 부과나 체납징수를 둘러싼 사회적 갈등과 비용이 늘어났고 공적 재원은 지속적으로 누수됐다.

시청자와 공영방송 KBS, 한국전력, 아파트 관리주체 그 누구에게도 득이 되지 않는 제도를 만들고 유지해야 하는 이유가 애당초 없었다. 수신료 분리 징수 정책을 두고 한 야당 국회의원은 "수신료를 내야 하는 국민 불편이 커지고, 법에 따른 납부 의무를 위반하는 국민을 늘리는 나쁜 결정"이라며 "윤석열 정권은 분리 징수로 인한 국민 불편과 범법자 양산에 대해 모든 책임을 져야 할 것"이라 경고했다. 그의 우려와 경고는 모두 현실로 드러났다. 공영방송으로서 KBS의 존재가 안개처럼 흐릿해지고 있지만 그 존폐를 결정할 권한은 오직 시청자들에게만 부여돼 있다. 공영방송 KBS의 존속 여부는 주인인 국민들 뜻을 물어 결정할 일이지 정권 차원에서 입맛대로 결정하고 개입해서는 안 된다.

비정상의 정상화

데이비드 포스터 윌리스가 인용한 물고기의 우화는 깨어 있는 삶, 각성된 시민의식을 갖추도록 노력하며 살자는 당부다. 깨어 있는 삶의 핵심은 타인에 대한 연민과 배려라고 그는 말했다. 타인을 진심으로 걱정하고 기꺼이 희생을 감수하는 마음을 잃지 않도록 매 순간 생각하고, 매 순간 선택해야 된다고 여러 가지 비유를 들며 조곤조곤 강조했다.

대통령을 탄핵해야 되느니, 안 되느니로 우리 사회는 두 동강이 난 채 서로를 죽일 듯 노려보며 싸워 왔다. 지금도 사회적 갈등과 대립은 여전히 현재진행형이다. 싸움을 봉합하고 치유해야 할 지도자들은 정치적 이익을 얻기 위해 갈등과 대립을 부추겼다. 사회적 갈등과 대립을 확산시키는 촉매제로 공영방송을 사유화했다. 윤석열 탄핵 정국에 국회 본회의를 통과했던 방송법 개정안, 즉 TV 수신료 통합 징수법안은 최상목 전 경제부총리 겸 대통령 권한대행이 또 한 차례 거부권을 행사했다. 2023년 8월 윤석열 전 대통령이 거부권을 행사한 데 이어 두 번째였다.

윤석열 전 대통령이 파면되자 비로소 국회는 2025년 4월, 수신료 통합 징수 정책을 2년 만에 복원시켰다. 실제 시행은 6개월 이후인 올 10월 말쯤이 될 것이다. 공기가 존재했음을 우리 사회는 비로소 각성했다. TV 수신료 통합 징수를 명시해서 국회를 통과한 방송법 개정안이 국무회의에서 두 번이나 거부권의 문턱을 넘지 못하고 좌초되는 2년 동안 윤석열 전 대통령이 임명한 KBS 사장과 경영진은 이를 방관했다. 회사가 무너지든 말든 자신들이 차지한 권력과 보직을 탐하는 데 골몰했다.

수신료 분리 징수 정책의 허울 좋은 명분이었던 시청자의 납부 선택권은 공영방송 장악과 민주언론 파괴의 다른 이름이었다. 수신료 통합 징수가 어렵게 복원됨으로써 우리 사회 곳곳에 노정됐던 비정상의 정상화가 힘겹게 걸음마를 시작했다.

헌
책방

헌책방을 만나다

점심시간을 이용해 이발이나 할 요량으로 사무실을 나섰다. 미용실을 찾아 두리번거리다 뒷골목에서 고색창연한 헌책방을 만났다. 신간 서적을 취급하는 서점들도 줄줄이 폐업을 하는 마당에 헌책방이라니 새삼 놀라웠다. 요즘은 중고서점도 알라딘처럼 대형화 기업화로 활로를 찾고 있는 형국인데 그 옛날 동대문 상가 한쪽에나 모여 있을 법한 허름한 헌책방이 아직도 생존해 있다니 주인장 내공이 보통이 아니구나 싶었다. 흰색 타일벽을 두른 3층짜리 낡은 건물인데 2층엔 장군보살님이 점집을 열었고, 그 아래 1층에 동그마니 헌책방이 자리를 잡고 있었다. '집현전'이라고 써

놓은 하얀색 간판이 눅눅한 헌책방 분위기와 잘도 어울렸다. 건물 외벽엔 땟자국이 줄줄 흘러내려 세월의 흔적이 역력했다. 입구 옆 인도에 나일론 끈으로 꽁꽁 동여맨 헌책들이 허리 높이까지 쌓여 있어 무심한 행인들 발걸음에 성가시게 채였다.

영업을 하긴 하려나 싶어 유리문을 살짝 밀쳤더니 의외로 사뿐하게 열렸다. 두껍고 동그란 뿔테 안경을 코끝에 걸친 중년의 사장님이 퉁명스러운 얼굴로 손님을 맞았다. 30평 남짓 되어 보이는 책방 안쪽은 사방으로 책장을 둘러쳤고 안쪽 공간에도 빽빽하게 서가를 배치해 발 디딜 틈조차 여의치 않았다. 서가 안쪽으로 깊숙이 들어가니 헌책들에 눌어붙은 눅눅한 종이 먼지 냄새가 기분 좋게 퍼져 올라왔다. 호기심 가득한 시선으로 사장님께 여쭤보니 그 자리에서 버티고 지낸 세월이 30년이 훌쩍 넘었다고 말했다. 예전에 경기가 좋을 때는 일산 신도시에 헌책방을 다섯 군데나 운영했는데 임대료를 버티지 못해서 모두 문을 닫고 여기 하나만 남았다고 넋두리를 뱉어 냈다. 그나마 이곳은 30여 년 전 이 골목이 제법 왁자할 때 싸게 사놓은 점포라서 임대료 걱정은 없이 그럭저럭 버틸 만하다고 옅은 웃음을 내비쳤다. 책을 많이 읽는 사람들은 여전히 헌책을 찾는지라 그냥저냥 소일 삼아 열어 두고 있다고 덧붙였다.

비좁은 점포에 빼곡히 들어차 있는 헌책들만 대략 1만 5천 권이 넘고 집 근처 창고에 쌓아 둔 헌책들까지 셈을 하면 무려 8만 권이 넘는다고 뿌듯한 듯 슬며시 자랑을 늘어놓았다. 느릿느

릿 책장을 둘러보며 오래된 소설책 몇 권을 뽑아 들었다. 만 원짜리 한 장으로 소설책 서너 권을 얻었으니 큰 횡재라도 한 것 같았다. 기쁜 맘으로 셈을 치르면서 오래오래 번창하시라 덕담을 해드렸다.

장은진의 소설 「하품」은 대도시 변두리에서 오래된 헌책방을 운영하는 동시통역사 아내와 피아니스트 남편의 관계적 소멸과 생성의 기록이다. 젊은 시절 파리와 런던에서 각자 유학 생활을 하다 체코 프라하 여행길에 남녀는 우연히 만났다. 전문 연주자로, 통역사로 눈부시고 찬란했던 젊은 시절을 보낸 남녀는 부부가 되어 네 번의 유산(流産)을 겪으며 죽음 같은 절망에 빠져들었다. 극도의 무기력과 우울감으로 절대 허무의 늪에서 허덕이던 어느 순간 아내가 문득 떠올린 건 40여 년 전 아버지 손을 잡고 처음 들어섰던 변두리 헌책방의 오래된 종이 냄새였다. 등이 활처럼 굽은 노부부가 운영하던 그 헌책방은 놀랍게도 오랜 세월 한결같이 제자리를 지키고 있었다.

아내는 그간 누려 오던 온갖 명성과 품위를 훌훌 벗어 던지고 돌연 헌책방을 사들여 운영을 시작한다. 낡고 오래된 종이 냄새와 주워 온 길고양이, 거기서 만나는 시시한 타인들을 마주하며 조금씩 생기를 되찾는다. 40여 년 세월을 거슬러 되짚어 온 출발점에서 마치 새로운 인생을 처음부터 다시 시작하는 것처럼…. 4번의 희망과 4번의 절망을 던져 준 남편은 이제 아내에게 아무런

위로를 주지 못한다. 한때 천상의 선율처럼 감동적이었던 남편의
피아노 연주는 아내에게 한 줌도 감동을 건네지 못한다. 죽음의
문턱에서 가까스로 벗어나 조금씩 생동감을 찾아가는 아내를 바
라보며 남편은 안도감과 동시에 섭섭함과 실망감이 복잡미묘하게
밀려든다. 사라짐이 있어야 새로움이 있고 새로 난 것은 또 언젠
가 사라진다. 그게 인생이려니 싶다.

헌집에도 사람이 산다

일주일 업무를 마감하는 금요일 오후에 파주 봉일천에 산다
는 60대 후반 어르신 한 분이 민원 전화를 걸어왔다. 본인이 동네
막내라서 대표로 책임지고 전화를 걸었다고 말했다. 주소와 고객
번호를 물어 조회해 보니 공릉천 주변에 자리 잡은 오래된 연립주
택 단지였다. 누런색 외벽에 군데군데 빨간 벽돌이 박혀 있는 3층
짜리 야트막한 공동주택이었다. 시가지 항공사진을 한눈으로 봐
도 쇠락한 마을 전경이 을씨년스럽게 보였다.

무슨 일로 전화를 하셨는지 정중히 물었다. 연립주택 입구에
쓰러질 듯 위태롭게 서 있는 1평 남짓 관리사무소에 TV 수신료가
몇 달째 청구되고 있다고 말했다. 조회 결과 미납된 체납액과 가
산금은 석 달치 7,640원이었다. 공동주택 공용 부문인 관리사무
소에도 TV 수상기가 한 대 등록돼 있으니 수신료를 내야 한다고

안내해 드렸다. 어르신은 답답한 사정을 좀 들어나 보라며 장광설을 시작했다. 인근에 주둔해 있던 미군 부대가 몇 년 전 철수하면서 연립주택 주민들은 대부분 외지로 떠났다. 전체 50여 세대 중 남아 있는 세대는 겨우 10세대 남짓이며 그나마 모두 70~80대 노인들이었다.

남아 있는 노인 세대는 대부분 노령연금에 의지해 살아가는 빈곤층이었다. 관리사무소는 1년 넘게 폐쇄돼 이제는 마당 텃밭을 갈 때 사용하는 자잘한 농기구들 보관 창고로 쓰고 있었다. 관리실 직원도 경비원도 모두 해고돼 떠났고 남은 주민들은 매달 관리비도 안 낸 지 오래됐다. 단전 단수 조치가 걱정돼 남은 세대끼리 한 달 15,000원씩 전기, 수도 요금만 간신히 걷어서 내고 있었다. 관리사무소가 폐쇄되면서 TV도 함께 폐기했고, 남아 있다 하더라도 TV를 보는 사람이 거의 없었다. TV를 갖고 있는 세대도 몇 집 없고, TV도 재미있는 볼거리가 더 이상 없다고 했다.

미군 부대가 철수한 뒤로는 파주시가 이 지역을 행위 제한구역으로 지정해 개발행위도 금지됐다. 연립주택 주변에는 사람이 살지 않는 헌집과 폐가들이 즐비했다. 한번 시작된 넋두리는 좀처럼 멈출 줄을 몰랐다. 명멸해 가는 마을과 쇠락해 가는 사람들의 처연한 넋두리를 누가 좀 들어주기만이라도 해줬으면 좋겠다는 우울한 심정이 전화기 너머로 고스란히 흘러 들어왔다. 한동안 말 없이 수화기를 들고 있던 나는 잘 알겠노라 대답하고 어르신 하소연대로 관리사무소에서 체납된 TV 수신료를 깔끔하게 면제 조치했다. 흥망성쇠는 숭고한 자연의 섭리다.

헌책방이 된 KBS

많은 시청자들은 이제 KBS에서 감동과 위로를 구하려 하지 않는다. 화려하고 영롱하게 반짝이는 새 책방에 열광하고 있다. 2022년 7월부터 KBS는 2TV로 예능 프로그램 〈홍김동전〉을 방송했다. 평균 시청률은 3%, 최저 시청률은 0%대로 이른바 애국가 시청률을 기록해 1년 반 만에 폐지됐다. 시청률이 부진하자 상업광고가 덜 붙었고 제작비를 감당하지 못하자 경영진은 종영 결정을 내렸다. 실무 제작진은 화제성이 높은 데다 탄탄한 매니아층도 제법 보유하고 있으니 좀 기다려 보자며 폐지 반대 목소리를 높였다. 경영진은 "〈홍김동전〉 폐지 결정은 수신료 분리 징수 등으로 어려워진 공사의 재정 상황을 비롯해 다양한 요소를 종합적으로 판단한 결과"라며 제작진 의견을 묵살했다.

이에 반발해 담당 PD는 결국 퇴사했고 〈홍김동전〉 출연자들을 그대로 규합해 시즌2라 불리는 〈도라이버〉 '잃어버린 나사를 찾아서'를 제작했다. 글로벌 OTT 채널 넷플릭스에 납품된 이 프로그램은 공개된 직후 OTT 콘텐츠 순위 집계 사이트에서 〈넷플릭스 대한민국 콘텐츠 TOP 10〉 1위를 한동안 차지했다. 이후에도 꾸준히 상위권을 줄곧 유지했다. 똑같은 출연자와 똑같은 구성을 가진 예능 프로그램이 KBS에선 실패했고, 넷플릭스에선 성공했다.

최근 넷플릭스 비영어권 드라마에서 화제성 1위를 차지하며 흥행가도를 달렸던 주말극 〈미지의 서울〉은 사정이 더욱 씁쓸하다. KBS 〈드라마 스페셜〉 출신인 이강 작가가 극본을 쓴 〈미지의 서울〉은 KBS라는 플랫폼의 한계 때문에 KBS가 직접 제작을 못하고 tvN 과 넷플릭스에 제작과 편성을 내준 작품이다. 수신료 분리 징수 정책 시행 이후 재정 상태가 급속히 악화된 KBS는 드라마 제작에 큰 비용을 지불할 수 없는 형편이다. 작가나, 배우, 감독들은 지상파보다 제작비를 훨씬 후하게 제공하는 넷플릭스나 tvN을 선호하는 게 당연한 현상으로 굳어졌다. 쌍둥이 자매 연기를 깜찍하게 열연했던 주연배우 박보영은 KBS가 제작이나 편성에 직접 개입하면 출연하지 않겠다며 적극적으로 고사의 뜻을 밝혔다. 수신료 분리 징수 정책으로 재정이 악화되면서 KBS는 역량 있는 중견 PD들이 많이 퇴사했고 이는 곧 제작 역량 축소와 채널 이미지 하락이라는 악순환의 고리를 만들어 냈다. 시청자들이 이용하는 플랫폼이 공중파 방송이라는 헌책방에서 이제는 넷플릭스나 유튜브라는 글로벌 기업형 새 책방으로 옮겨 가고 있다.

KBS 앞에는 어렵고 복잡하면서도 꼭 풀어내야 할 숙제가 또 하나 드리워졌다. 분리 징수라는 묵직한 달구지를 끌고 가며 빛의 속도로 흩어지는 시청자를 끝끝내 붙잡아야 하는 힘겨운 과제다. 다행히 분리 징수 정책은 시행된 지 2년 만에 폐기됐다. 그러나 흩어진 시청자들은 여전히 돌아올 줄 모른다. 아직도 먼지 풀풀 날리는 소중한 헌책방이 꿋꿋이 남아 있고 거기서 위로를 찾는 사람들이 여전히 존재한다며 스스로 위로하기엔 현실이 너무 엄중하다. 헌책방의 낡은 종이 냄새를 맡으며 상처받은 영혼을 치유하는 사람들을 무시할 수 없지만 거기에만 의지할 수는 없는 노릇이다. 공영방송이라는 과거의 신화 속에 파묻혀 헌책방처럼 KBS는 급속히 움츠러들고 있다. KBS는 지금 정치로부터의 독립과 시장에서의 경쟁력 복원이라는 힘겨운 두 가지 과제를 한꺼번에 풀어야 하는 절박한 생존 위기에 내몰려 있다. 헌책방을 다시 짓고 헌 집을 새로 세워 시청자들이 다시 모여들게 만드는 절묘하고도 기발한 신의 한 수는 정녕 무엇일까?

생일
선물

그리운 고향집

"세상에 부끄러운 집이 어디 있겠는가.
비바람을 막아 주고 한여름에는 그늘을 주고,
밤에 잠자리를 주면 누구에게나 집은 똑같은 것이다. (중략)

10억짜리 집에서 흘러나오는 웃음이
1,000만 원짜리 집에서 피어나는 웃음보다
더 비싼 건 아니었다."

소설가 장은진의 단편 「고전적인 시간」에서 주인공인 그녀의 독백이다. 5년 사귄 애인과 헤어지고 15년 동안 다녔던 잡지사에 사직서를 내고 돌아온 고향집이었다. 오랫동안 비워 두고 아무도 살지 않던 낡고 허름한 고향집에서 그녀는 모처럼 폭신한 아늑함을 느낀다. 태초에 웅크리고 있던 엄마의 자궁 속 같은 절대 고요의 무한한 편안함이다. 담요도 없고 이불도 없고, 변변한 가구도 하나 없는, 먼지 쌓인 방바닥에서 그녀는 늦잠을 달게도 잔다. 쇠락해 가는 헌집에서 추위를 피하며 궁극의 안식을 찾는다.

어린 시절 내 고향 집은 작고 볼품없는 집이었다. 작가와 달리 내겐 늘 부끄러운 집이었다. 아빠 엄마와 삼 형제 다섯 식구가 한 방에서 나란히 이불을 덮고 누워 자는 단칸방이었다. 문간방이 하나 있기는 했는데 엄마는 집 근처 석재 공장 다니는 젊은 부부에게 그 방을 월세로 내주었다. 암기력이 제법 괜찮아 학교에서 공부도 곧잘 하고 우쭐댔던 나였지만 집 얘기만 나오면 잔뜩 주눅이 들었다.

가장 곤혹스러웠던 때는 잘 어울려 지내던 친구들 생일날이었다. 친구들이 방과 후에 집에서 생일 파티를 하겠다며 같은 반 친구들 여럿을 초대하면 나는 늘 핑계를 만들었다. 배가 갑자기 아파서 약국에 가야 할 때도 있었고, 집안일이 너무 바쁘거나 어린 동생들 숙제를 챙기느라 친구들과 놀 시간 같은 건 없어야 했다. 생일 파티 초대에 응하려면 마징가 제트나 태권 V가 근사하게 박혀 있는 새 필통, 에나멜 인조가죽 표지에 미키 마우스가 반짝

반짝 뛰노는 일기장 같은 깜찍한 생일 선물을 하나씩 사 들고 가는 게 그 시절 꼬맹이들에게도 일종의 상식이자 예의였다. 나는 생일 선물을 준비할 용돈이라는 게 없었다. 그런 걸 사겠다고 엄마에게 손을 벌리는 건 상상도 할 수 없었다.

사리 분별력이라고는 아예 없었던 더 어린 나이에 멋모르고 덜렁 빈손으로 친구집 생일 파티에 초대받아 간 적이 한두 번 있었다. 아빠가 읍내 동물병원 원장인 창덕이네 집에서 하얀 설탕이 눈가루처럼 소복이 내린 새빨간 왕딸기와 샛노란 빛깔의 오렌지 쥬스를 난생처음 먹어 보았다. 딸기도 귀했는데 거기에 설탕이라니 혀가 살살 녹아내리는 환상의 맛이었다. 아빠가 철도역장이라서 철도 공무원 관사 2층 양옥집에 살던 제만이 생일 파티에선 뽀얗고 소복하게 쌓여 있는 얼음가루에 단팥죽을 듬뿍 올리고 쫄깃쫄깃한 찹쌀떡까지 사뿐히 얹혀 있는 팥빙수를 처음 실물로 영접했다. 내 상상력의 범주를 훌쩍 뛰어넘는 천상계 음식들이었다.

게걸스럽게 파티 음식을 집어 먹고 생일 선물을 개봉하는 차례가 왔다. 빈손으로 생일 파티에 참석한 내게 친구들은 마구 눈총을 주었다. 선물을 사놓고는 깜빡 두고 왔다며 다음에 꼭 주겠노라 말했지만 나는 영악스럽게도 속으로는 생일 파티 같은데 다시는 참석하지 않으리라 다짐했다. 그게 몇 살이었는지 정확하게 기억나지 않지만 대략 초등학교 2~3학년쯤이었다. 그 이후 내 생일에 친구들을 집으로 초대해 파티 같은 걸 열겠다는 생각은 물론이고 친구들 생일 파티에 초대받아 참석하는 일 따위는 한 번도 해본 적이 없었다.

　6학년이 되자 친구들은 하나둘 서울로 전학을 갔다. 친구 부모들 교육열이 남달랐을 수도 있고 큰물에서 놀아야 훌륭한 사람이 된다던 선생님들 훈시도 한몫을 거들었을 것이다. 나도 전학이란 걸 가보고 싶었다. 부끄러운 집에서 벗어나고 싶었다. 넌지시 엄마에게 나도 전학을 가게 해달라고 졸랐다. 엄마는 가타부타 말이 없었다. 지금 생각해 보면 어린 자식 하나를 멀리 의탁시킬 변변한 친척조차 없던 걸 그땐 왜 몰랐을까? 몇 번을 더 졸라 대다가 가망 없음을 스스로 깨닫고 더 이상 입 밖에 내지 않았다.

　고등학교 졸업 때까지 나는 부끄러운 그 집에서 탈출하지 못했다. 작고 볼품없던 고향집에서 자라난 형제들은 차례차례 객지로 떠났다. 대학 생활과 직장 생활을 핑계 삼아 어린 형제들은 전속력으로 낡은 고향집을 벗어났다. 지금은 팔순 노모께서 홀로 고향집을 지키고 계신다. 내가 직장에 취업하고 몇 년이 지나서 약간의 은행 대출금으로 낡고 스러져 가는 그 집을 대대적으로 리모델링하긴 했지만 그 일도 벌써 30년이 다 되어 가는 아스라한 과거의 일이다. 과거가 아무리 가난하고 비루하더라도 과거는 늘 현재나 미래보다 아름다운 법이라고 말해 주는 사람이 그때는 없었다. 설령 누군가 말해 주었다 하더라도 아마 이해하지 못했을 것이다.

뒤늦은 생일 선물

어느 날 수신료국 사무실에 〈TV 수신료 면제신청서〉 한 장이 팩스로 날아들었다. 동시에 민원 전화도 함께 울렸다. 고양시에 거주하는 70대 어르신이었다. 보청기를 끼고 있는 청각 장애인이라서 전화기 소리가 잘 안 들린다며 옆에 있던 젊은 남성을 바꿔 주었다. 남성은 행정복지센터 주무관이며 복지 감면금 담당자라고 자신을 소개했다. 어르신이 동사무소를 찾아가 젊은 공무원에게 여러 가지 복잡한 행정 업무에 대해 도움을 청하고 있는 듯했다.

어르신은 기초생활보장 수급자인데 한국전력의 업무 착오로 주거, 교육 급여 수급자로 잘못 등록돼 있다고 했다. 여러 달 동안 전기요금 감면과 TV 수신료 감면 혜택을 제대로 받지 못했다고 주무관은 설명했다. 면제 대상자인 줄 모르고 이미 납부했던 몇 달치 TV 수신료를 환불받을 수 있는지도 물었다. 면제 자격 여부를 확인하기 위해 당사자 주민등록번호 13자리를 전산 시스템에 입력하고 조회해야 한다고 안내했다.

주무관이 불러 주는 대로 주민등록번호를 입력하다 보니 공교롭게도 어르신 생일이 바로 당일 즉 오늘이었다. 신기한 듯 웃음을 허허 내뱉으며 "어르신 생신이 바로 오늘이네요"라고 말참견을 건넸다. 그러자 주무관은 원래는 음력 생일을 챙기신다는데 공공기관에서는 양력 날짜를 기준으로 삼기 때문에 당일에 생신 선물을 챙겨 드리는 셈 치고 생계 지원품을 몇 가지 나눠 드리고 번거로운 행정 업무도 한꺼번에 도와 드리는 중이라고 답변했다. 그 말을 듣는 순간 나도 이참에 어르신께 생신 선물이라도 하나 챙겨 드리자는 생각이 문득 스쳤다. 넉 달치 수신료 1만 원을 전액 환불 조치하는 당연하면서도 소박한 선물이었다. 어릴 적 소꿉친구에게 건네지 못한 부끄러운 생일 선물을 뒤늦게 되갚기라도 하려는 듯….

초라한 생일 잔치

KBS가 올해로 52번째 공사 창립기념일을 맞았다. 1961년 국영 KBS 중앙방송국으로 출발할 당시 한 달 TV 수신료는 100원이었다. 당시 100원은 쇠고기 한 근 값이어서 서민들에겐 그리 만만한 돈이 아니었다. TV 수상기라는 것이 어차피 고가의 사치품에 해당됐던 시절이라 부유층들 전유물이었고 수신료 100원쯤은 그들에게 큰 부담이 아니었다. 1973년에 한국방송공사로 조직이 개편됐고, 1980년부터 수신료는 2,500원으로 결정됐다. 당시 2,500원은 일간지 한 달치 구독료였다. 신문과 형평을 맞춘다는 차원에서 반세기 전에 책정된 액수가 지금까지 유지되고 있다.

그동안 수신료 인상을 위한 시도가 모두 4차례 있었다. 2007년과 2010년, 2013년, 2021년에 각각 수신료 인상안이

KBS 이사회를 통과했으나 모두 국회에서 무산됐다. 국민적 의견 수렴 부족과 정치권의 이해 득실에 따른 정파적 반대로 번번이 뜻을 이루지 못했다. KBS 시청자위원회 의견 수렴과 이사회 의결, 방송통신위원회 의결, 국회 승인 절차까지 굽이굽이 넘어야 할 산이 까마득한 현실에서 최근 생뚱맞게 불거진 수신료 인상안은 못 먹는 감 찔러나 보자는 무책임 행정의 표본이요 사장 임기 연장을 위한 꼼수에 불과하다. 이렇게 세계 최저 수준의 수신료를 받으면서도 '정성을 다하는 국민의 방송 KBS'로 기틀을 잡은 지 어느덧 반세기가 훌쩍 넘었다. 장년을 지나 노년기로 접어드는 공영방송이 암울하고 초라한 생일을 맞고 있다.

    수신료 분리 징수 정책이 본격적으로 시행되면서 2024년 한 해에만 천억 원 가까운 손실이 생겼다. 광고 수입도 줄고 콘텐츠 판매 수입도 떨어지면서 지난해 재정적자가 8백억 원이 넘었다. 왁자한 생일 파티는 언감생심이다. 볼품없이 스러져 가는 고향집이 서서히 무너져 내리는 걸 우리는 너무도 무심하게 바라보고 있었다. 쇠락해 가는 헌집에서 추위를 피하며 고향과도 같은 궁극의 안식을 찾는 사람들은 이제 남아 있지 않은 걸까? 굽은 소나무가 선산을 지키는 법이다. 헌집이라도 정성스레 리모델링해서 고향을 지켜 내려는 노력에 늦은 때란 없을 것이다.

죽음의 의미

모든 죽음엔 이름이 있다

"신앙과 진실 사이의 간극은 일반적으로 생각하는 것보다 훨씬 넓은 법이다."

소설과 드라마로 퓰리처상(Pulitzer Prize)을 세 번이나 수상한 손턴 와일더(Thornton Wilder)의 장편소설 『산 루이스 레이의 다리(The Bridge of San Luis Rey)』에 나오는 문장이다. 1928년 발표된 이 작품은 작가의 두 번째 소설인데 백 년 세월 가까이 전 세계 독자들에게 꾸준히 사랑을 받고 있다. 인간의 운명과 신의 섭리를 예리하게 풍자한 이 소설은 이렇게 시작한다.

"1714년 7월 20일 금요일 정오, 페루에서 가장 멋진 다리가 무너져 여행객 다섯 명이 다리 아래 깊은 골짜기로 추락했다."

높고 멋진 다리를 건너던 다섯 사람은 갑자기 다리가 무너지면서 떨어져 죽는다. 이 광경을 우연히 목격한 사람이 있었다. 신앙심이 강하고 형이상학적 문제로 늘 고민하던 프란체스코회 선교사 주니퍼 수사다. 그는 '왜 이런 일이 하필 저 다섯 사람에게 일어나야 한단 말인가?'라는 근원적 의문을 품었다. 단순한 사고일까? 아니면 신(神)의 의도일까? 느닷없이 절명한 다섯 사람의 삶을 조사하면 비밀스럽고 신비로운 이유를 밝힐 수 있다고 생각했다. 사고 이후 6년간 시내 곳곳에서 주민들을 만나 사망자 다섯 명의 삶을 꼼꼼히 탐문했다. 마침내 두꺼운 책으로 조사 결과가 나왔다.

그러나 천주교 교단 판사들은 그 책을 이단이라 선언하고 책과 저자를 광장에서 모두 불태우라 명령했다. 주니퍼 수사는 군중들 앞에서 불길에 몸을 맡긴 채 미소를 지으며 죽었다. 조사 결과 사망자 다섯 명은 모두 굴곡진 삶을 성실하게 살다가 새출발의 의지를 다지며 새로운 인생에 대한 희망에 부풀어 그 멋진 다리를 막 건너가던 순간 허무하게 절명했다. 죽어야 할 특별한 이유를 찾지 못했다. 고결한 신의 섭리 따위는 없다는 허탈하고 불경스러운 조사 결과를 보수적인 천주교 교단은 수용하지 못했다. 독실한 주니퍼 수사는 선교 활동을 방해하는 악마이자 이단자로 규정됐다.

죽은 자는 말이 없고 죽음은 허무하다. 죽은 자의 삶을 기억하고 추모하며 의미를 부여하고 이름을 불러 주는 일은 남아 있는 사람들 몫이다. 죽음의 의미가 거창하고 명분이 고결할수록 추모와 애도의 분위기는 고조된다. 결과에 상응하는 원인을 찾아야 인생에 아름다운 동화가 완성된다. 선한 자는 흥하고 악한 자는 망한다는 신의 섭리는 여전히 건재하다. 엄숙한 종교는 신의 섭리를 거역하는 의미 없는 죽음을 부인한다. 신의 섭리 안에서 죽음을 해석하고 죽은 자를 추모하는 것은 죽은 자와 산 자의 엄숙한 이별 의식이자 살아남은 자의 자기 위로 행위와 다름없다. 그래서 허무한 죽음은 있을지언정 의미 없는 죽음은 없다.

아버지의 이름을 기억합니다

짧은 연휴 끝에 출근한 어느 날 아침이었다. 경기도 가평에 산다는 젊은 남성이 민원 전화를 걸어 왔다. 우편으로 송달되는 TV 수신료 청구서에서 수신자 이름을 바꿔 줄 수 있느냐고 물었다. 수신료 청구서는 통상 세대주 명의로 발송되는데 시청자 요청에 따라 공동명의 또는 세대원 가운데 다른 사람 명의로 변경해서 발송할 수 있다. TV 관리번호를 물어 조회해 보니 수신료 청구서의 수신자는 H씨로 돼 있었다. 세대원 가운데 어느 분 이름으로 바꾸겠느냐 물었더니 아들인 자신과 아버지 이름을 나란히 병기

해서 발송해 달라고 요청했다. 부부가 공동명의로 주택을 소유하는 일이 많아지면서 수신료 청구서도 부부 이름을 나란히 적어 발송하는 경우가 간혹 있기는 하다.

그러나 아버지와 아들 이름이 세대를 건너서 나란히 수신료 청구서에 병기되는 경우는 매우 드물다. 해당 세대 주소를 항공 사진지도와 로드뷰로 검색해 보니 야트막한 산자락에 실개천을 끼고 있는 아담한 전원주택이었다. 사진만 봐도 건축주의 정성이 새록새록 느껴지는 깨끗하고 아름다운 풍광이었다. 뭔가 예사롭지 않은 사연이 있는 듯해서 수신자 명의를 변경해야 하는 연유를 물었다. 아들 이름으로 준공 등록이 돼 있던 그 전원주택은 늙은 홀아버지와 아들 가족이 꿈꾸던 아늑한 전원생활의 터전이었다. 읍내에서 식당을 운영하던 부자는 성실하게 모은 재산으로 한적한 시골에 터를 잡고 집을 올렸다. 식당 일이 힘에 부치면서 늙은 아버지는 서서히 일손을 놓았고 전원주택에서 텃밭을 일구며 여생을 보낼 요량이었다. 꿈꾸던 집은 완공됐고 행복했던 시절도 잠시, 갑작스러운 교통사고로 아버지는 허망하게 세상을 떠났다.

아들은 아버지의 땀과 정성, 필생의 소망이 절절히 배어 있는 그 집에 아버지의 흔적을 오래오래 간직하며 추억하고 싶었을 것이다. 그래서 달랑 한 줄 자신의 이름만 인색하게 적혀 날아오는 수신료 청구서에다 아버지 이름을 나란히 새겨 넣고 싶었으리라. 죽은 자의 이름을 부르고 그의 얼굴을 떠올리며 그의 삶이 어떠했는지를 다른 이들과 함께 이야기하는 것, 그렇게 함으로써 그와 정중히 그리고 천천히 작별하는 것이 애도의 핵심이라고 소설가 진은영은 그의 작품집 『나는 세계와 맞지 않지만』에서 말했다. 내게 전화를 걸었던 아들의 마음도 필시 그러했을 것이다. 나는 정중하게 잘 알겠노라 대답하고 전산 시스템에서 청구서 수신자 이름을 또박또박 고쳐 적었다. 허망한 죽음에서 의미를 찾고 죽은 자를 기억함으로써 남은 자들은 고단하고 엄연한 일상을 꿋꿋이 살아낸다.

떠난 이를 그리며…

나는 대학을 졸업한 이후 30여 년째 꾸준히 만남을 지속해 오는 우정 어린 친구들이 몇 명 있다. 내가 대입 재수를 하는 바람에 대개 나이는 나보다 한두 살 아래지만 같은 학번으로 묶이면서 평생지기로 남아 있는 친구들이다. 특별하게 할 얘기가 없더라도 한두 달에 한 번씩 얼굴을 맞대고 술잔을 나누며 함께 늙어 가는 중이다.

그 가운데 영철은 유독 애틋했다. 고등학교 동문 1년 후배이자 대학 동기가 된 영철은 나를 늘 친구가 아닌 형이라 불렀다. 그래서 우리들 모임은 족보가 꼬여 있는 이른바 '개족보' 모임이 된 지 오래였다. 유도나 격투기를 했음직한 다부진 체구와 부리부리한 얼굴에다 소심하고 자상한 성격을 한데 묶어 놓은 특이한 물성의 집합체가 바로 영철이었다. 배려심이 많고 줄곧 양보하는 성격이라 친구들 모임에서 늘 구심점이 되는 존재였다. 배고프고 가난한 복학생 시절 서울 금호동 달동네 꼭대기에 있던 그의 자취방에서 도심 야경을 내려다보며 분말 스프 하나만 달랑 넣고 건더기 없이 끓인 라면 국물을 안주 삼아 쓰디쓴 소주잔을 넘기던 추억은 지금도 아련하다.

영철의 유일한 단점은 술이 적정량을 넘치면 돌연 과도하게 용감해지는 성정과 순식간에 끓어오르는 뜨거운 혈관에 있었다. 그런 성정에 결국 동티라도 났는지 끈적한 무더위가 목덜미에 척척 감겨 오던 4년 전 어느 여름날 밤 그는 성급하게 스스로 세상을 등졌다. 술기운에 잔뜩 젖어 있는 상태였다. 은희경 작가의 단편「짐작과는 다른 일들」에서 주인공 그녀의 남편이 했던 것과 비슷하게 과격한 방식으로 친구들 곁을 영영 떠나갔다. 서울 송파의 올림픽 공원 어느 모퉁이에 있는 한적한 나뭇가지 아래에서 외롭고 쓸쓸하게 세상을 등졌다.

모든 결혼한 남자의 비애는 처녀가 아닌 아줌마와 살아야 하는 것이라고 은희경 작가는 말했다. 물방울 다이아몬드 같은 눈물을 뚝뚝 떨구던 사슴의 눈망울은 생활고에 찌들어 서늘한 파충류의 눈으로 변했고 무시로 남편을 책망했다. 밖으로만 돌던 남편은 서글픈 술잔을 기울이다 어느 날 문득 깨달았다. 그녀에게서 멀리 떠나는 것이 그녀를 가장 괴롭히는 일이라는 것을…. 그래서 그녀의 남편은 달려오는 택시를 향해 미련 없이 몸을 던졌다.

내 친구 영철은 직장을 여러 번 옮겼다. 직장 생활 틈틈이 야간 아르바이트를 하는 투잡족 생활도 한동안 지속했다. 직장을 관두고 이런저런 사업도 벌여 보았지만 돈벌이는 신통치 못했다. 늦은 나이에 어렵게 다시 되돌아간 직장 생활도 적응이 쉽지 않았다. 생활비는 늘 부족했고 부부간 갈등은 곪을 대로 곪아 갔다. 이혼이니 별거니 하는 소리가 간간이 들렸지만 민감한 일인지라 친구들 간섭도 객쩍으려니 싶었다. 그렇게 엉거주춤하는 사이 영철은 손써 볼 틈도 없이 허망하게 세상을 떠났다.

처음 겪는 대학 친구의 죽음 앞에서 어떤 의미를 찾고 어떤 깊이로 애도하며 어떻게 작별을 고해야 할지 남아 있는 친구들은 난감했다. 친구의 때 이른 죽음은 무심하게 살았던 남은 자들에게 일종의 각성이었다. 누구든 다음 차례가 될 수 있음을 뜻하는 경종이었다. 생업을 핑계 삼았던 무정한 세월의 업보라 할 수 있었다. 특별한 목적이나 거창한 담론이 없어도 만나야 하는 게 친구였다. 추억을 공유하고 같은 시간과 공간 속에 공존하며 따뜻한 온기를 나누는 행위 자체가 소중함을 우리는 잊어 가고 있었다.

인간은 사회적 동물이라는 명제는 매우 역설적이다. 사회에 포함돼 있으면서도 각자 자기만의 외로움을 감당하며 살아가는 존재다. 외로움에 고통받고 쓸쓸함에 더욱 민감하기에 모여 살도록 만들어진 동물이다. 자기 앞에 드리운 외로움이 넘쳐서 감당이 안 될 때 이를 나눠 줄 친구마저 하나 없다면 인생은 처량해진다. 30년 세월을 함께 건너온 친구들 누구도 영철의 외로움을 나눠 갖지 못했다. 부끄러움과 죄책감은 남아 있는 자들 몫이었다. 그의 나이 어린 두 딸 대학 등록금을 추렴하는 것으로 친구들은 알량하게 양심의 가책을 덜어 내려 하고 있다.

스무 번째

간첩

간첩이 다녀가셨다

"정말…… 간첩이야……?"
"우리도 보진 못했는데……
간첩이 분명한 것 같아." (중략)

우리도 간첩이 그랬는지는 잘 모르겠으나 주위에 아무도 없었고,
그렇게 소리 없이 사람을 해칠 정도라면……

"간첩 맞네."

덕수가 말했다.

작가이자 교수인 이기호의 소설집 『최순덕 성령충만기』에 실린 단편 「간첩이 다녀가셨다」의 끝부분이다. 이 소설은 강원도 강릉 앞바다에 북한 무장간첩을 실은 300톤급 잠수함이 좌초되고 정찰총국 소속 승조원 26명이 산간 내륙으로 침투했던 1990년대 후반을 시대적 배경으로 삼고 있다.

전 군(軍)에 최고 수준의 전투 준비 태세인 진돗개 하나가 발령됐고 대대적인 예비군 동원령이 내려졌다. 강원도 봉평 출신 동네 선후배 셋과 김이라는 낯선 이방인도 예비군 동원 훈련에 소집됐다. 4인 1조로 한데 묶여 야간 경계근무에 투입된 사내들은 대관령 태기산 인근에 있는 한적한 경계 초소에서 따분하게 밤샘 근무를 서게 됐다. 현역 예비군 중대장은 야간에 언제든 검문을 나갈 수 있다며 일체 딴짓을 하지 말고 경계근무에만 집중하라 엄포를 놓았다. 능글맞은 예비군 사내들은 불시 검문 따위는 절대 없으리라는 걸 너무도 잘 알고 있다.

봉평에서 나름 큰 장사를 하거나 건실한 직장에 다니던 사내 셋은 앞뒷집 살며 고만고만 서로 알고 지내는 사이였지만 생면부지의 이방인 김의 존재는 낯설었다. 김은 봉평 일대에 땅을 팔아먹기 위해 얼마 전 위장전입을 마친 기획 부동산업자였다. 야간 경계근무에 투입되면서 김은 검정색 배낭 하나를 몰래 숨겨 들어왔다. 배낭 속엔 다량의 팩(Pack) 소주와 훈제 오징어, 장조림 캔

이 들어 있었다. 그리고 그 안쪽에는 그럴듯하게 가짜 개발계획이 꾸며진 봉평 일대 1/50,000 축척 지도와 〈투자자 유치 전략〉이란 제목의 부동산 사기 범죄용 서류도 있었다.

따분한 야간 경계근무 도중 한적한 산속 초소에서 신문지를 깔고 둘러앉아 시작된 사내들 술판은 사막에서 만난 오아시스나 다름없었다. 권커니 받거니 술잔이 차츰 거나하게 돌면서 봉평 일대에는 대규모 관광 위락시설과 대기업 콘도미니엄이 들어섰고 대단위 전원주택 단지와 왕복 8차선 도로가 뚫리는 등 천지개벽이 도래했다. 장밋빛 미래를 꿈꾸며 형님 동생으로 술잔을 기울이던 사내들은 모두 억병으로 만취해 가물가물 곯아떨어졌다. 새벽녘에 심한 갈증과 요의를 이기지 못해 어렴풋이 깨어난 사내 하나가 김의 발치에 놓여 있던 검정색 배낭을 발견하고 슬쩍 열어 보았다. 금단의 열매를 따먹는 아담과 이브처럼…. 가짜 지도와 투자유치 서류를 몰래 훑어보며 벼락부자를 꿈꾸던 사내는 때마침 깨어난 김에게 딱 걸려 서로 드잡이를 벌였다. 그러다 무심결에 돌덩이를 잡아 휘둘렀고 뒤통수를 가격당한 김은 허망하게 객사했다. 잠든 것이려니 생각하고 사내는 다시 곯아떨어졌다.

이른 아침나절 지독한 숙취와 함께 사내들은 깨어났다. 곁에는 싸늘하게 변사체로 변해 버린 김이 누워 있었다. 술기운에 찌든 사내들 뇌리엔 간밤에 무슨 일이 있었는지 가물가물 기억이 없었다. 마침 그 시간 밤새 집에서 편안하게 농땡이를 부리다 현역 중대장에게 두툼한 뇌물을 집어 주고 뒤늦게 허겁지겁 산간 초소로 올라오던 덕수… 덕수를 맞닥뜨리자 사내들은 엉겁결에 말했다. 간첩이 쥐도 새도 모르게 다녀갔다고…

이것들, 순 간첩이로구만

오전 내내 민원에 시달리다 등허리에 뻐근한 통증을 느껴 막 기지개를 켜던 순간 전화가 또 울었다. TV 관리 번호를 물어 조회하니 연천 전곡에 있는 단독주택이었다. 1년 넘게 사람이 살지 않는 빈집인데 자신의 휴대전화로 TV 수신료가 계속 청구되고 있으니 수신료를 말소해 달라는 요지였다.

수신료 징수 전산 시스템에 조회된 민원인 생년월일을 보니 나와 비슷한 또래의 중년 남성이었다. 그런데 말투가 좀 특이했다. 말꼬리를 잘라먹고 줄곧 하대하듯 반말을 쓰다가 상대방 기분이 좀 언짢겠다 싶은 순간 기막히게 문장 끝을 약간 늘리며 들릴 듯 말 듯 작은 소리로 '~요' 자를 슬그머니 붙이는 아주 꼰대스러운 말버릇이 있었다. 예를 들면 이런 식이었다.

"그게 아니고~ 내 말 좀 들어 보라구~
내가 돈 몇 천 원 때문에 거짓말할 사람도 아니구~
거기 사람이 안 살거든~ '요'."

여러 문장을 계속 반말로 얘기하다 상대방이 언짢겠다 싶은 기막힌 순간에 살짝 '~요'를 붙이는 신통한 방식의 존댓말이었다. 존댓말도 아니고 반말도 아닌 특유의 말투가 살짝 거슬리기는 했지만 시청자는 곧 주인이라는 생각으로 공손하게 존댓말로 응대했다. 사람이 안 산다는 집에 전기 사용량이 1년간 통상적인 수준으로 꾸준히 기록돼 있었기에 전기를 쓰는 사람이 누구시냐고 물었다. 옆집 사는 동네 후배가 가끔 들러서 농사용 전기를 끌어다 쓰는 모양이라고 답변했다. 본인은 직장과 거주지가 세종시에 있어 1년 전쯤 이주했고 그 집은 팔려고 부동산에 내놓은 상태라고 말했다. 나는 다시 해당 주소 항공사진과 로드뷰를 검색했다. 아담한 농가주택에는 제법 널찍한 마당이 있었다. 집 입구 왼편 마당 한쪽으로 회색빛 대형 SUV 승용차 한 대와 흰색 소형 승용차 한 대가 가지런히 주차돼 있었다. 항공 지도는 3개월쯤 전에 업데이트된 상태였다. 아무도 살지 않는다는 집 마당에 차량이 두 대나 들어서 있는 상황이 쉽게 납득되지 않는다고 나는 말했다. 그는 아마도 근처에 사는 여동생이 가끔 텃밭을 일구러 들렀다가 잠을 자고 가는지도 모른다고 말했다. 집을 비워 놓고 사람이 안 살아도 완전히 퇴거를 한 빈집, 즉 공가(空家) 상태가 아니라면 수신료는 내야 한다고 나는 재차 설명했다. 그러자 그는 버럭 화를 내며 일방적으로 전화를 끊어 버렸다. 존댓말도 아니고 반말도 아닌 특유의 말투로 다음과 같은 짜증을 남긴 채…

"남의 집을 이렇게 막 들여다봐도 되는 거야?
이놈들 이거 순 간첩이로구만.
거기 내가 안 산다니까… 요."

그의 말마따나 돈 몇 천 원 때문에 번거롭게 전화해서 거짓말을 했을 거라고 나는 생각하지 않는다. 그도 나도 그의 결백을 입증할 알리바이, 그의 무혐의와 부존재를 입증할 간첩을 찾아내지 못했을 뿐이었다. 수신료 분리 징수라는 부조리가 빚어낸 또 한 편의 촌극이었다.

간첩을 찾아라

KBS의 대표적 탐사 프로그램 〈추적 60분-극단주의와 그 추종자들〉 편이 3·1절을 앞두고 하루 전에 갑자기 불방됐다. 추적 60분 '계엄의 기원'은 2부작으로 기획, 제작돼 1부 '선거를 믿지 않는 사람들'은 2월 21일 방영됐다. 그러나 2부 '극단주의와 그 추종자들' 편이 예정된 날짜에 방송을 타지 못했다. 시청자들과의 엄중한 약속을 지키지 못했다. 12·3 내란 사태 이후 벌어진 부정선거 음모론과 각종 허위 정보 '가짜 뉴스'들이 어떻게 생성되고 유포됐는지를 추적한 내용이었다. 중국인 간첩 99명이 중앙선거관리위원회에서 체포돼 일본 오키나와 미군 기지로 압송됐다는 가짜 뉴스가 윤석열 전 대통령 지지자들 사이에 어떻게 만들어지고 확산됐는지 생생하게 밝혀냈다. 또 중앙선관위가 조직적으로 개입됐다는 부정선거 음모론이 얼마나 허황되고 뜬구름 잡는 거짓인지를 고발하는 내용도 있었다.

경영진은 대통령 탄핵 반대 집회 참석자들이 KBS에 몰려와 난동을 부릴 우려가 있다는 이유로 방송 불가 결정을 내렸다. 거의 똑같은 시기에 MBC는 〈PD 수첩〉을 통해 〈광장의 음모론 2부작-태극기 든 '애국청년'과 '대통령과 부정선거'〉 두 편을 2주간에 걸쳐 비슷한 내용으로 방송했다. KBS 경영진은 "한쪽만을 대변하는 방송이 돼선 안 된다. 양쪽에서 비난을 받더라도, 그 길이 어렵더라도 공영방송 KBS가 가야 할 길은 공정하고 균형 잡힌 방송"이라고 옹색하게 불방 이유를 밝혔다. 넙죽넙죽 공영방송을 들먹이며 내란 세력, 불법 계엄 세력에게 비겁한 양비론을 적용했다.

한밤중에 칼 들고 들어온 무장 강도를 목숨 걸고 내쳤다고 집주인과 강도에게 둘 다 잘못이라 비난하는 행태와 다를 바 없었다. 경영진의 주장은 "공영방송 KBS의 존재 이유를 송두리째 부정하는 황당한 논리"라고 한국 PD 연합회는 비판했다. 또 "12·3 비상계엄 이후 서울서부지법 폭동 사태로 대표되는 극우적이고 반헌법적인 행위들에 대해 공영방송 경영진이 부역한 불행한 역사로 기록될 것"이라고 지적했다. 대통령에 아부하고 대통령실 눈치 보며 공영방송 KBS를 권력의 품에 헌납한 경영진은 그 자리에

머물러 있을 자격이 없다. 그들은 용산 대통령실 눈치를 보며 자신들의 탐욕과 무능을 감출 애꿎은 간첩을 한 줌도 안 되는 극우 극단주의자들 속에서 찾고 있었다.

진정한
사과

나를 알아주세요

"내가 그의 이름을 불러 주기 전에는
그는 다만 하나의 몸짓에 지나지 않았다.

내가 그의 이름을 불러 주었을 때
그는 나에게로 와서 꽃이 되었다.

내가 그의 이름을 불러 준 것처럼
나의 이 빛깔과 향기에 알맞은
누가 나의 이름을 불러 다오

그에게로 가서 나도 그의 꽃이 되고 싶다

우리들은 모두 무엇이 되고 싶다.
너는 나에게 나는 너에게
잊혀지지 않는 하나의 눈짓이 되고 싶다."

한국 문단에서 순수파 시인의 상징이자 꽃의 시인으로 불렸던 김춘수의 대표작 「꽃」이다. 시인으로서 필생의 경쟁자였던 김수영이 「풀」이라는 시를 통해 억압된 현실에 대한 비판의식과 저항정신을 노래하며 참여파 시인의 거장으로 자리매김하자, 김춘수는 자연스럽게 반대편 길로 나아갔다. 순수한 자연을 탐미하고 인간의 인식론적 고민을 노래하며 인간 존재의 주체성을 강조하는 순수파 시인의 거두로 꽃처럼 단아하게 문학적 인생을 살았다.

어릴 적 중고등학교 교과서에도 수록될 정도로 유명했던 국민 애송시 「꽃」은 시인의 존재론적 세계관을 표현한 대표적 작품이다. 인간은 누구나 의미 있는 존재가 되고 싶어 하고 자신의 존재가치를 인정받을 때 비로소 행복을 느끼며 주체적 삶을 살 수 있다는 철학적 고민이 담겨 있다. 2007년 시인협회는 한국현대시 100년을 대표하는 시인 10명에 김춘수를 포함시키며 '시를 철학적 사유의 차원으로 끌어올렸다'고 평가했다. 시인은 생전에 KBS와 인터뷰에서 인간의 근원적 고독을 표현한 작품 「꽃」이 온 국민의 연애시(戀愛詩)이자 모든 연인들의 사랑시로 둔갑한 데 대해 적잖이 당황스럽고 엉뚱하다고 답변했다. 주방장 손을 떠난 음식이 손님들 몫이듯, 작가의 손을 떠난 작품은 독자들 몫이다. 작품을 해석하고 음미하고 향유하고 소화하는 자유는 오롯이 독자들에게 맡겨진 영역이다.

 봄꽃처럼 울긋불긋 이마에 여드름이 돋아 오르던 까까머리 중학생 시절 나도 짝사랑이었던 한약방집 막내딸 소녀에게 밤새 썼다 지웠다를 반복하며 「꽃」을 베껴 쓴 유치한 연애편지를 품속에 간직했다가 몇 날 며칠 가슴을 졸인 끝에 결국 전하지 못하고 찢어 버렸던 풋풋한 추억이 아스라이 남아 있다.

 주말에 있을 즐거운 일정을 생각하며 퇴근을 재촉하던 어느 금요일 오후였다. 쭈뼛쭈뼛 민원 전화를 받아 보니 전화기 너머로 가냘프고 여린 젊은 여성의 목소리가 들려왔다. 얼핏 듣기에도 대인관계가 서툰 사회 초년생이거나 어린 여학생쯤 될법한 수줍고 설익은 목소리였다. 나는 호기심을 억누르며 차분하게 용건을 물었다. 젊은 여성은 TV 수신료를 어떻게 내는 거냐고 말했다.

 도대체 이게 무슨 소리인지 나는 질문의 요지를 선뜻 파악하지 못했다. 여성이 처한 상황을 신속히 파악하기 위해 〈전기 고객번호〉나 〈TV 관리번호〉를 조회하는 게 더 빠르겠다는 생각이 들었다. 한국전력의 전기요금 징수 시스템에 입력된 〈전기 고객번호〉 또는 KBS의 수신료 징수 시스템에 입력된 〈TV 관리번호〉를 조회하면 해당 세대의 기본적인 개인정보가 모니터에 순식간에 생성된다. 상세 주소와 세대주 성명, 주민등록번호, 휴대전화 번호, 전기요금 검침일과 납기일, 전기 사용량, 전기요금 납부액, 수신료 미납액, 자동이체 계좌, 신용카드 번호 등 민감한 개인정보들이 순식간에 주르륵 파악된다. 두 가지 번호 중 어느 하나만 입력하면 자동으로 두 번호가 동시에 생성되어 민원인이 처한 상황을 신속하게 파악할 수 있다. 그래서 수신료국 직원들은 업무상 알게 된 개인정보를 절대 사적으로 이용하면 안 된다는 보안 교육을 수시로 받는다. 〈전기 고객번호〉를 물어 전산 시스템에 입력했더니 생성된 정보가 좀 이상했다. 모니터 화면 데이터에 여백이 너무 많아 구멍이 숭숭 뚫려 있었다. 주소와 성명, 주민등록번호까지 기본 정보는 있는데 〈TV 관리번호〉가 없었고 부가적인 세부 정보도 없다는 메시지가 모니터에 떴다. 여성의 나이는 의외로 40대 중반이었고 거주지는 경기도 양평군 청운면이었다. 모니터에 떠오른 예사롭지 않은 상황을 설명하자 여성은 당연하다는 듯 자신의 사연을 들려주었다.

    여성은 한 달쯤 전에 한적한 산골짜기에 전원주택 신축공사를 마쳤다. 아직 준공 승인도 나지 않은 깔끔한 새집이었다. 전기를 끌어와 계량기를 달고 한 달이 지났더니 한국전력에서 전기요금을 징수했다. 전기요금을 내면서 TV 수신료는 왜 안 받느냐 물었더니 그건 KBS에 따로 문의해야 한다는 답변을 들었다. 당연한 얘기였다.

    과거 수신료를 통합 징수할 때는 전기요금을 내면서 자동으로 TV 수신료를 함께 냈다. 시청자가 따로 신경 쓸 필요가 없었다. 그러나 분리 징수 정책이 시행되면서 한전은 단독주택에서 오직 전기요금만 징수한다. 단독주택의 경우 TV 수신료는 따로 KBS가 분리 고지하고 분리 징수한다. 관리사무소를 통해 관리비를 징수하면서 전기요금과 TV 수신료를 함께 걷는 공동주택과 달리 단독주택은 건축주가 TV 수상기를 KBS에 직접 등록하지 않으면 수신료를 부과할 방법이 없다. 생활 필수재인 전기를 쓰지 않는 신축 단독주택은 거의 없다. 그러나 그 집에 TV 수상기가 있는지 여부는 KBS가 일일이 파악할 방법이 없다. 한국전력이 전기 신설 공사를 할 때마다 매번 현장을 따라다니며 전기를 연결하는 신축 주택에 TV가 있는지 없는지를 KBS가 따로 조사할 역량도 권한도 없기 때문이다. 따라서 KBS는 한전과 달리 신축된 단독주택의 존재 여부를 파악할 수 없고 TV 수상기를 보유하고 있는지 여부는 더더욱 깜깜이다.

그런데 이 여성은 직접 KBS에 민원 전화를 걸어 자신의 존재를 스스로 알렸다. TV 수신료를 마땅히 내야 하는 시청자로서 엄연히 세상에 존재하고 있는데 왜 KBS가 시청자로 불러 주지 않느냐며 자신의 존재를 인정해 달라고 요구한 것이다. 김춘수 시인의 「꽃」처럼 우리들은 모두 무엇이 되고 싶어 하고 잊혀지지 않는 하나의 꽃이 되고 싶어 한다는 일종의 존재 인정 투쟁처럼 보였다. 나는 실로 놀라지 않을 수 없었다. 수신료국 근무를 하면서 무수히 많은 민원 전화를 받았지만 대부분 수신료를 못 내거나 안

내겠다는 내용이었다. 그녀처럼 자발적으로 수신료를 낼 터이니 자신의 존재를 인정해 달라고 스스로 요구해 온 민원 전화는 단연코 처음이었다. 너무 고마워서 감격스러울 지경이었다. 그녀의 휴대전화에 커피 한 잔 기프티콘(gifticon)이라도 보내고 싶었다.

그러나 업무상 취득한 개인정보를 사사로이 이용할 수 없으므로 고마운 마음만 간직하기로 했다. 그녀의 TV 수상기를 수신료 징수 전산 시스템에 새로이 사뿐하게 등록했다. 우편 고지서를 들고 번거롭게 읍내 은행까지 찾아가지 않도록 휴대전화로 모바일 자동이체 절차까지 친절하게 안내하고 등록 절차까지 마쳤다. 말끝마다 정말 고맙다고 감사의 인사말을 연신 추임새로 넣어가며 길고 보람찬 그녀와의 통화를 뿌듯하게 마쳤다.

진정한 사과와 개사과

양평군 청운면 산골짜기에 사는 그녀처럼 능동적 주체로서 인간 존재의 순수성을 강조했던 한국의 대표 시인 김춘수는 인생에서 말끔히 지워 버리고 싶은 커다란 오점이 하나 있었다. 전두환 신군부가 만든 '민주정의당'에 창당 발기인으로 참여해 시인은 비례대표로 제11대 국회의원을 지냈다. 1988년 독재자 전두환이 퇴임할 때 시인은 헌정시(獻呈詩) 「님이시여 겨레의 빛이 되고 역사의 소금이 되소서」를 지어 "덕과 용기와 능력을 지닌 인물이여. 님은 겨레의 빛이 되고 역사의 소금이 되소서. 님이시여, 하늘을 우러러 만수무강하소서"라고 손발이 오글거리도록 독재자를 칭송했다. 먼 훗날 시인은 이를 두고 "한마디로 100% 타의에 의한 것이었으며 처량한 몰골로 외톨이가 되어, 앉은 것도 아니고 선 것도 아닌 엉거주춤한 자세로 어쩔 줄 모르고 보낸 세월"이었다며 자책하고 또 반성했다. 시인이 권력을 탐했던 것인지 수동적으로 시류에 휩쓸렸던 것인지는 알 수 없다. 동족을 학살하고 총칼로 권력을 잡은 제5공화국 정권이 철권통치 이미지를 순화시키기 위해 명망 높은 영남 출신 시인의 곱고 부드러운 심상을 강탈했던 것일 수도 있겠다. 엄혹했던 당시 시대적 상황을 감안하더라도 주체적 인간으로서 존재론적 근원성을 드높이 노래했던 시인에게 그 정도 분별력이 없었을까 하는 의구심을 끝내 떨칠 수는 없다. 한국 현대문학에 기여한 위대한 시인의 혁혁한 공로와는 별개로 그의 뒤늦은 자책과 사과는 그 진정성을 놓고 여전히 논란이 분분하다.

KBS도 시청자들에게 그동안 여러 차례 대국민 사과를 했다. 내가 기억하는 가장 최근의 사과는 윤석열 전 대통령의 술친구 박민 전 사장의 대국민 사과였다. 용산의 낙하산을 타고 취임한 지 단 하루 만에 그는 임원진을 도열한 채 허리를 'ㄱ'자로 꺾어 가며 대국민 사과문을 발표했다. "지난 4년간 KBS가 편파 보도로 공정성을 훼손하고 국민의 신뢰를 잃어버린 상황에 깊은 유감을 표하며 국민 여러분께 정중히 사과드린다"고 넙죽넙죽 맥락도 없이 말했다. 편파 보도라며 언급된 사례는 윤석열 전 검찰총장과 한동훈 전 검사장이 연루된 이른바 '검언유착' 사건과 오세훈 서울시장의 '생태탕 의혹', 김만배 녹취록 보도 등이었다. 해당 보도들이 어떤 부분에서 어떻게 정파적이었는지, 판단기준은 무엇인지, 누가 어떤 과정을 거쳐 선정했는지는 생략된 채 특정 진영에 불편하고 불리한 보도들만 줄줄이 열거했다. 오세훈 시장 처가(妻家)의 땅 투기 의혹을 검증한 이른바 '생태탕 의혹' 보도는 국민의 힘이 공직선거법 위반 혐의로 취재팀을 고발했지만 검찰에서 '보도가 허위사실에 해당한다고 단정하기 어렵다'며 무혐의 처분된 사안이었다. 말은 대국민 사과였지만 사실상 KBS를 용산에 헌납한 '대용산 사과'였다. 그런 사과의 진정성을 믿고 수신료를 기쁘게 냈다는 시청자를 나는 아직 만나 보지 못했다.

　'대용산 사과' 직후 박민은 시계추가 진자 운동을 하듯 빠르게 반대쪽으로 내달렸다. TV와 라디오 프로그램 앵커와 진행자를 모두 극우 유튜버 등 극우성향 인사로 전광석화처럼 갈아 치웠다. 광복절 전날 〈KBS 중계석〉에선 일본 기모노를 우아하게 차려입은 게이샤 '초초'가 나와 일본 국가인 기미가요를 곱게도 불렀다. 5공화국 시절에나 만났던 '땡전 뉴스'를 이어받아 수십 년 만에 '땡윤 뉴스'가 부활했다. KBS는 '정성을 다하는 국민의 방송'에서 '충성을 다하는 박민의 방송, 용산의 방송'으로 빠르게 추락했다. 그때마다 수신료국 사업소에는 한여름 무더위에 말벌 집을 들쑤

셔 놓은 듯 민원 전화가 비명을 내질렀다. 박민 전 사장은 직원들 내부에서 실시된 사장 신임 투표에서 98.75%라는 북한 노동당 수준의 경이적 '불신임률'을 기록하고 임기 시작 1년 만에 물러났다. "수신료 분리 징수라는 전례 없는 위기에서 KBS를 구하고 새로운 도약의 토대를 마련한 성과는 KBS 역사에 기록될 것이라 확신한다"며 유체이탈의 전형과도 같은 불후의 이임사를 껌뻑껌뻑 천연덕스럽게 내뱉었다. 이후 들어선 '파우치 박장범' 사장은 설상가상(雪上加霜)이었다. 고작 3~4백만 원짜리 '디올백'이 뭔 그리 대수냐며 그토록 파우치를 사랑했던 박장범 사장은 용산 대통령실 심기 경호에 불철주야 여념이 없었다. 계엄과 내란, 탄핵 사태의 도화선이 됐던 '명태균 의혹 보도'는 철저히 침묵으로 일관했다. 40여 년 만에 선포된 난데없는 비상계엄에 대해 야당의 탄핵 남발을 지적하는 내용이 빠졌다며 예고된 시사 보도 프로그램 방송을 막았다. 내란 동조세력과 한 몸이자 자웅동체와도 같았다.

잊을 수 없는 대국민 사과가 하나 더 있다. 전두환이 정치는 잘했다며 독재자 옹호 발언을 한 데 대해 사과하라는 국민적 요구가 빗발치자 용산에 살던 그녀는 맛있고 탐스러운 사과와 순진하고 귀여운 개 사진을 SNS에 함께 올려 개와 사과와 국민을 한꺼번에 조롱하는 절묘한 신공(神功)을 연출했다. 우리가 잘 알고 있는 이른바 '개사과' 논란이다. 외부 활동을 자제하고 아내로서 내조에만 전념하겠다던 대선 전 약속을 헌신짝처럼 내던지고 그녀는 남편 위에 섭정하며 온갖 정사(政事)에 감초처럼 개입했다. 막후 실세였는지 모른다. 심기를 거스르는 일간신문을 폐간시키는 데 목숨을 걸겠다고 저주의 독설을 내뿜기도 했다. 부모님이 창조하시고 원장님이 만드셨다는 세간의 풍문처럼 필러와 보톡스, 연어주사, 리프팅 안면거상의 정교한 협업으로 얼굴에 티끌만 한 잡티도 허용하지 않았고 실낱같은 잔주름도 용인하지 않으면서 우아한 척 어색한 웃음을 지어냈다. 이태원 골목에서 깔려 죽고, 도심 지하차도에 수몰돼 빠져 죽고, 널뛰는 산불에 타죽은 유족들 피눈물은 외면한 채 부지런히 해외 순방을 즐겼다. 이름도 얼굴도 학력도 경력도 모두 필요한 대로 그럴듯하게 만들어 내면 그뿐이었다. 그들에게 국민은 그저 개나 돼지였을 것이다. 진정성 있는 사과와 가슴으로 공감하는 위로가 무엇인지 그들은 진정 모르는 게 틀림없다. 진정한 사과는 달달하다는 걸 왜 모를까? '선천성 공감 능력 결핍 증후군'이라는 병명을 의학 사전에 새로 등재해야 되지 않을까 싶다.

스물두 번째

탁란(托卵)새와 숙주새

탁란새 뻐꾸기

"질(質)로는 모르지만 양(量)으로는 세계의 누구에게든 그다지 지지 않을 테다."

근대문학에서 자연주의 또는 사실주의 사조를 주창했던 소설가 김동인의 단편 「발가락이 닮았다」의 한 장면이다. 주인공 M은 성(性)생활이 매우 문란한 사내였다. 학창 시절부터 돈이라도 몇 푼 생기면 유곽(遊廓)을 들락거릴 정도로 호색한(好色漢)이었다. M은 자신과 관계를 맺은 여인의 숫자를 자랑스럽게 헤아리며 친구들에게 떠벌리듯 이처럼 말했다. 부작용은 참혹했다. 온갖 성병을 달고 살았고 마침내 매독에 걸려 생식능력을 잃었다. 정작 M 자신은 반신반의였지만 의사이자 작중 화자인 친구 '나'는 의학적 소견상 M이 확실히 생식불능임을 알고 있다.

문제는 가난한 노총각 M이 어느 날 젊은 색시를 만나 늦장가를 들면서 일어났다. M의 젊은 아내가 임신한 아기는 도대체 누구의 아기인지 친구들은 설왕설래했다. 미심쩍은 M은 의사 친구인 '나'에게 자신의 생식능력을 의학적으로 공식 판명해 달라는 검사를 요청했다. 요즘 말로 친자확인 검사쯤 되겠다. 그러나 이런저런 이유로 의학적 검사는 미뤄지고 또 미뤄졌고 젊은 아내는 그사이 떡두꺼비 같은 아들을 출산했다. 어여쁜 아들을 덩실 안고 들어선 M은 의사인 '나'에게 이렇게 말했다.

"이놈이 꼭 제 증조부를 닮았다거든.
게다가 날 닮은 데도 있어."
"어디?"
"이놈의 발가락 좀 보게.
꼭 내 발가락 아닌가?"

M은 자기 위로와 정신 승리의 끝판왕이었다. 소설 분량이 짧아서 이후에 M의 가족이 어찌 됐는지 알 수는 없지만 분명 M은 발가락이 닮아서 너무 귀엽고 고마운 그 아들을 평생 지극정성으로 부양했을 거라고 믿어 의심치 않는다.

수신료국 고양분소 건물은 3호선 원당역 근처에 18층짜리 번듯한 통유리 신축건물인데 사무실 입주율이 아직 10%도 안 된다. 1, 2층만 군데군데 상가들이 겨우 들어서 영업을 막 시작했다. 7층과 13층, 14층에만 큼직한 도화지에 하나둘 점을 찍듯 듬성듬성 업무시설들이 들어서고 있어 전체적으로 휑한 느낌이다. 얼마 전부터 사무실 옆 공간에서 시끌시끌 입주 인테리어 공사를 하길래 무슨 일인가 슬쩍 들러 사무실 관계자에게 말을 건네 보니 토목, 건축, 설계 등의 업무를 한다며 말끝을 흐렸다. 호기심을 못 이긴 다른 동료들이 여러 날 탐문을 거듭한 결과 새로 입주하는 사무실은 기획 부동산 업체였다. 초역세권 신축건물인데 임대료가 시내의 절반 수준이라 사무실을 이전한다고 했다.

좋은 땅을 싸게 살 일이 머잖아 생길지 모르겠지만 정작 내 관심을 자극한 건 업체 사무실 벽에 늠름하게 걸려 있던 뻐꾸기 시계였다. 정각만 되면 요란스럽게 튀어나와 '뻐꾹뻐꾹' 울음을 터뜨리는 시끄러운 뻐꾸기 시계가 요즘은 디지털 시계나 스마트워치에 밀려 거의 멸종됐다. 그 시계는 숫자판 테두리 나무 장식 위쪽에 아담하게 지붕을 얹었고 그 아래에 자리 잡은 조그만 둥지에 하얀색 뻐꾸기가 앙증맞게 들어앉아 있었다. 아래로는 솔방울 같은 시계추 두 개가 치렁치렁 쇠사슬에 매달려 있어 제법 고급스러운 운치를 자아내고 있었다.

뻐꾸기는 다른 새 둥지에 몰래 알을 슬쩍 낳는 걸로 유명한 대표적 탁란(托卵) 조류다. 숙주가 되는 딱새나 뱁새, 박새, 개개

비는 뻐꾸기알을 자기 새끼인 줄로만 알고 정성스레 품는다. 알이 부화되면 하루 수십 번씩 고된 사냥을 해서 성체인 숙주새보다 덩치가 다섯 배나 더 큰 뻐꾸기 새끼를 정성껏 먹이고 기른다. 숙주새나 탁란새나 모두 종족 보존의 거룩한 본능이다. 자신과 꼭 닮은 발가락을 기어이 찾아내고야 마는 김동인의 소설 속 M처럼….

건물주도 탁란을 한다

경기도 파주 야당동에서 민원 전화 한 통이 걸려 왔다. 자신의 휴대전화로 모바일 청구되는 TV 수신료가 억울하다는 요지였다. TV 관리번호를 물어 조회하니 4층짜리 신축 빌라였다. TV 수신료는 두 달치가 미납돼 있었다. 억울한 사연이 무엇인지 물었다. 자신은 일산에 거주하는 전기 시공업자인데 얼마 전 파주 신축 빌라에서 전기공사를 진행했다고 말했다.

4층에 주인 세대가 살고 3층까지 전세 또는 반전세로 세입자를 들인 신축 빌라였다. 그런데 신축 빌라 4층 건물주에게 청구돼야 할 수신료가 엉뚱하게 일산에 살고 있는 자신의 휴대전화로 청구되고 있으니 이를 바로잡아 달라는 얘기였다. 왜 그런 일이 벌어졌는지 물었다. 전기공사 작업 도중에 건물주가 한전 전기요금과 TV 수신료를 모바일 청구 방식으로 신청하면서 엉뚱하게 전기

공사업자인 자신의 휴대전화 번호를 등록했다는 것이다. 그래서 전기요금과 TV 수신료를 납부하라는 독촉 문자가 두 달째 자신에게 날아오고 있다고 했다.

　설상가상 전기공사를 해주고 아직도 받지 못한 공사대금 잔금이 7백만 원이 넘는다고 했다. 공사대금을 받기 위해 번잡한 소송을 벌이고 있는 상황도 분통이 터지는데 TV 수신료까지 대납을 해야 하느냐며 흥분을 감추지 못했다. 건물주는 파주와 일산 등지에 신축 빌라 여러 채를 갖고 전세금 돌려막기를 해왔던 이른바 '전세 사기범'이라는 사실도 최근에 알았다고 말했다. 세입자들 전세금도 돌려주지 못해 잠적한 사람이 전기 공사대금을 줄 리가 있겠느냐며 하소연을 했다.

　사실을 확인하기 위해 그가 알려 준 건물주 휴대전화로 통화를 시도해 보니 지금은 통화할 수 없다는 음성 사서함 메시지만 건조하게 되돌아왔다. 민원인 사연의 진위 여부는 파악할 수 없었지만 그의 억울함이 전화기 너머로 뚝뚝 묻어났다. 나는 해당 세대에 모바일로 청구되는 휴대전화 번호를 건물주 명의로 변경 등록했다. 수신료를 받을 가능성은 거의 없겠지만 둥지 속의 알이 뻐꾸기 알이라는 것을 뻔히 알고 있는 숙주새에게 남의 알을 품고 먹이까지 잡아다 정성껏 부양하라 강요할 수 없는 일이었다. 그는 M이 아니었으니까….

탁란새 KBS

TV 수신료는 공영방송 KBS를 운영하는 핵심 재원이다. 수신료를 못 받으면 KBS는 문을 닫아야 한다. 그토록 소중한 수신료를 KBS는 직접 징수하지 않는다. 한국전력이 징수하는 전기요금에 위탁 징수한다. KBS의 생존을 한국전력에 일부 위탁한 일종의 탁란(托卵) 행위다. 탁란의 근거는 방송법이다. 방송법 제67조를 근거로 KBS는 한전과 수신료 징수 위·수탁 계약을 맺어 1994년부터 전기요금과 TV 수신료를 통합 징수해 왔다. 이 계약은 특별한 사유가 없는 한 3년 단위로 자동 갱신돼 왔다. 통합 징수를 규정한 현행 계약은 2024년 말에 이미 만료됐다.

TV 수신료 분리 징수 정책은 한국전력과 KBS 사이에 지루한 샅바 싸움을 불러일으킨 촉매제였다. 수신료 위탁 징수계약 내용에 대해 별도 협의가 가능한 '특별한 사정'이 '법률' 개정이나 '시행령' 개정'이냐를 놓고 KBS와 한전은 지루한 샅바 싸움을 계속해 왔다. 수신료 분리 징수의 근거인 방송법 시행령 개정이 특별한 사정에 해당하는지에 대해 양측 입장이 충돌해 왔다. KBS는 수신료 징수 위·수탁 계약을 갱신하기 위해 한전과 2년 가까이 연장 협상을 벌여 왔지만 좀처럼 타결되지 못했다. 시행령 개정으로 분리 징수 정책이 강행됐지만 통합 징수를 명기한 상위법, 즉 방송법이 개정되지 않는 한 수신료 위·수탁 계약은 어느 한쪽이 일방적으로 해지할 수 없다.

탁란을 더 이상 못 하겠다는 숙주새와 탁란밖에 살길이 없다는 뻐꾸기의 볼썽사나운 다툼은 1년 넘게 지속됐다. 심판도 없고 중재할 거간꾼도 없는 소모적 싸움에 관중들은 흥미를 잃고 경기장을 떠나고 있다. 수신료 통합 징수는 최소한의 비용으로 공영방송을 유지할 수 있는 가장 효율적 방식이었다. 수신료 징수 방법을 바꾸는 일은 선진국 대부분이 채택하고 있는 공영방송 제도를 대한민국에서 폐지할 것인가 여부와 직결되는 문제다.

한전과 KBS가 수신료 징수 위·수탁 계약 연장 문제를 둘러싸고 지루한 샅바 싸움을 2년째 지속하는 동안 국회에서 수신료 통합 징수 법안이 다시 의결됐다. 윤석열 전 대통령 파면 이후 수신료 통합 징수 정책이 2년 만에 복원된 것이다. 그동안 피 말리는 신경전을 벌이던 당사자들은 말 그대로 닭 쫓던 개 지붕만 쳐다보는 격이 됐다. 수신료 징수를 둘러싼 수많은 주체들은 한동안 바보 탈을 쓴 채 허우적거려야 했다.

그동안 낭비된 행정력과 사회적 기회비용은 도대체 얼마나 되는지 가늠키도 어렵다. KBS는 공영방송에 부여된 공적 책무를 충실히 이행하면서도 달라진 미디어 환경에 어떻게 적응해야 좋을지 진지한 고민이 부족했다. 공영방송 재원 체계 전반에 대한 정치적 사회적 논의도 깊이 있게 시도되지 못했다. 뻐꾸기는 한 번에 15~16개 정도 알을 낳는다. 그중 탁란에 성공해 부화하는 알은 1~2개에 불과하다. 탁란을 시도할 둥지는 점점 부실해지고 있고, 탁란을 시도하더라도 부화에 성공할 확률은 10%도 안 된다. 첩첩산중에 설상가상이다. 지금부터 다시 고민하고 토론하고 답을 찾아야 한다.

스물세 번째

행복은
빈도(頻度)다

행복이란 무엇일까?

"행복은 삶의 목적이 아니라 수단이다.
행복은 단지 생존에 필요한 도구일 뿐이다."

교수이자 작가, 강연가, 심리학자인 서은국은 그의 저서 『행복의 기원』에서 이렇게 말했다. 이 책을 읽는 동안 나는 '책은 우리 내면에 얼어붙은 바다를 깨는 도끼여야 한다'고 강조했던 프란츠 카프카의 말이 줄곧 머릿속을 맴돌았다. 서은국의 주장은 행복심리학계에 파문을 던진 대담한 도발이었고 신선한 충격이었다. 행복한 인생을 살기 위해 '의미를 찾아라', '가진 것에 만족하라',

'긍정적으로 생각하라', '생각을 바꾸라'고 조언했던 세상의 많은 책들은 모두 공허한 말장난이라고 싸잡아 비판했다.

행복이 최고의 선(善)이자 인간이 추구하는 가장 궁극적 목적이라는 고대 철학자 아리스토텔레스의 목적론적 행복론은 지난 2천 년간 서양 철학의 뿌리를 이뤄 왔다. 인간의 모든 일상은, 최고의 선이자 궁극의 목적인 행복을 쟁취하는 데 필요한 과정이요, 수단일 뿐이라는 전통적 행복론에 작가는 용감하게 반기를 들었다. 사실은 그게 아니라며 뿌리 깊은 목적론적 행복론에 정면으로 맞짱을 떴다. 그 근거로 제시한 것이 영국의 진화 생물학자 찰스 다윈(Charles Robert Darwin)이 1859년에 발표한 『종의 기원(On the origin of species)』이었다. 그래서 저자의 책 제목도 『행복의 기원』이 아닌가 싶다. 인간이 우주의 특별한 존재라는 오만에 코페르니쿠스의 '지동설'이 묵직한 한 방을 날렸다면, 여기에 KO 펀치를 날린 것은 바로 찰스 다윈의 '진화론'이었다고 저자는 말했다. 인간은 100% 동물이며 인간의 모든 생각과 행동은 생존과 번식을 위한 선택의 결과물이라고 조목조목 여러 가지 비유를 들어 설명했다.

따라서 행복은 삶의 최종 목적이 아니라 생존에 필요한 도구일 뿐이라고 말했다. 인간은 살기 위해 행복감을 느끼도록 설계된 존재이며 행복은 거창한 관념이 아니라 구체적인 경험이라고 강조했다. 일상에서 만나는 자잘하고 유쾌한 경험들이 쌓여 인간을 행복하게 만들고 더 강력하게 생존할 수 있도록 만든다고 말했다.

공작새 수컷의 화려한 깃털이나 숫사슴의 늠름한 뿔은 포식자 앞에서 큰 약점이지만 암컷을 유혹해 번식하고 생존하는 데 필수적 도구였다.

인간의 마음이라 일컫는 창의성이나 상상력, 심지어 도덕성이나 행복감마저도 생존과 번식에 필요한 도구일 뿐이라고 주장했다. 피카소의 명작도, 바흐의 음악도, 채플린의 유머도, 공자의 도덕성도, 꼰대 아재의 썰렁한 개그도 모두 생존과 번식에 유리한 수단에 불과하다고 주장했다. 또 우리가 일상에서 느끼는 행복감의 절반은 타고난 외향적 성격에 달려 있고 부와 명예, 학벌, 외모, 출세 같은 여러 세속적 기준들은 부수적인 나머지일 뿐이라고 강조했다. 외향성의 핵심은 사회성이라고 말했다. 개인이 아닌 집단에 소속돼서 사회적 안정감을 느껴야 비로소 인간은 행복해지고 그 행복감이 곧 사회적 동물에게 필요한 강력한 생존 장치라고 설명했다.

가장 빈곤한 인생은 곁에 사람이 없는 인생이고 곁에 사람이 없다면 천국마저 갈 곳이 못 된다고 말했다. 인간이 집단으로부터 잘려 나가는 사회적 고통은 팔, 다리가 잘려 나가는 신체적 고통과 다를 바 없다고 역설했다. 거실 바닥에 압정을 뿌려 놓으면 걸음걸음마다 끔찍한 고통이 따르듯 소소한 일상에 쾌감을 느끼는 즐거운 경험을 많이 뿌려 놓으면 행복한 인생이 된다고 설명했다. 그래서 행복은 강도(强度)가 아니라 빈도(頻度)라고 힘주어 말했다.

이 얼마나 간결하고 명쾌한 결론인가? 그의 견해는 행복론

연구에 있어서 천동설에 맞선 지동설이기도 하고 창조론을 뒤집은 진화론이나 다름없다. 목적론적 행복론이 아니라 수단론적 행복론이다. 삶의 궁극적 목적은 행복이며, 이는 의미 있는 삶을 통해 구현된다는 전통적 행복론이 도덕책 버전의 상상 속 행복론이라면 서은국의 진화론적 행복론은 과학책 버전의 사실적 행복론이다. 그렇다. 따지고 보면 행복이 뭐 별것이겠는가? 좋은 사람들과 맛있는 음식을 나누며 소소한 일상을 공유하는 것만큼 행복한 일이 더 있을까 싶다.

행복 배달부

수신료국 근무의 절반은 아파트 관리사무소와의 업무 협조다. 공동주택의 각 세대별로 관리비를 분담하고 징수하는 주체가 바로 아파트 관리사무소이기 때문이다. 아파트 관리비를 세대별로 매달 부과하면서 전기요금도 물리고 TV 수신료도 물린다. 매달 이사를 나가는 집도 있고 새로이 들어오는 집도 있다. TV를 새로 구입하는 집도 있고 멀쩡히 잘 쓰던 TV를 폐기하는 집도 있다. 전기를 많이 쓰는 달도 있고 적게 쓰는 달도 있다. 관리비 액수가 매달 다르고 전기요금도, TV 수신료도 매달 조금씩 변동이 생긴다. 일상적으로 일어나는 금액 변동을 매달 조정하고 맞추는 단순 업무라지만 여간 번잡스러운 일이 아니다.

수신료국 징수 관리원 한 사람마다 대략 120여 개 안팎의 아파트 단지를 담당하며 단지별로 각기 다른 전기 검침일에 맞춰 수치를 조정하고 전산망에 입력한다. 이런 작업은 주로 업무용 공용 메일이나 전화, 팩스로 이뤄진다. 정해진 마감일 이내에 업무가 물 흐르듯 완결되면 좋겠지만 사람이 하는 일인지라 늘상 자잘한 착오와 혼선이 생긴다. 이럴 때 한쪽이 짜증이라도 내기 시작하면 사소한 감정에 불꽃이 튀고 업무는 산으로 향한다. 아파트 관리사무소와 통상적인 수치 조정 업무를 할 때 나는 항상 후렴구처럼 말미에 "고맙습니다. 늘 행복하시고 건강하세요"라고 진심 어린 덕담을 어김없이 반복했다. 업무용 메일의 끄트머리 서명도 그렇게 설정해 두었다. 업무상 통화를 할 때마다 늘 행복한 하루 되시라는 안부 인사를 빼놓지 않았다.

전화로 메일로 날마다 행복과 건강을 배달하는 일을 한 달 두 달 석 달 꾸준히 반복 실천했다. 처음엔 별 시덥잖은 사람이라 무시했던 무뚝뚝한 아파트 관리소장이나 전기과장, 새침한 경리 주임 아가씨도 얼어붙은 마음을 조금씩 열었다. 그렇게 몇 달이 흐르자 이젠 때가 되면 알아서 친절하고 상냥하게 수치 변동 내역을 먼저 알려 주기 시작했다. 삭막한 업무용 메일에도 훈훈한 온기가 넘쳐흘렀다. 자잘한 일상에서 즐거운 경험들이 조금씩 쌓이면서 행복감이 충만해졌다. 나도 그랬고 그들도 그랬을 것이다. 피곤한 민원인 응대에도 나는 조금씩 여유가 생겼다. 서은국 교수의 말처럼 행복은 강도가 아니라 빈도였고 강력한 생존의 도구였다.

어느 월요일 오후에 민원전화가 힘차게 울렸다. 관리번호를 조회하니 동두천시 생연동에 있는 대규모 임대 아파트 단지였다. 자신을 집주인이라 소개한 50대 여성은 불만에 가득 찬 목소리였다. 임대를 내주었던 아파트 세입자가 얼마 전 집 안에서 고독사(孤獨死)를 했다고 말했다. 사후 얼마 만에 발견됐는지 어떤 원인으로 고인이 됐는지는 알 수 없었지만, 세입자는 평소 조현병 증세가 있었다고 말했다.

아파트 1층이었고 바로 위층인 2층에는 사람이 살지 않는 빈집이었는데 층간 소음 때문에 못 살겠다며 여러 차례 위층 현관문을 두드리고 관리사무소를 찾아가 난동을 피웠다고 말했다. 환청에 시달렸을 것이다. 매달 받아야 하는 임대료는커녕 관리비도 석 달이나 미납돼 관리사무소에 악성 민원인으로 등재돼 있었다고 푸념했다. 못 받은 임대료도 답답한 상황인데, 밀려 있던 석 달치 관리비 25만 원을 자신이 대납까지 했고, 전문 청소업체를 불러 청소비도 80만 원이나 지불했다며 전화기 너머로 그득그득 억울함을 토로했다. 집이 너무 더럽고 냄새나서 도배며 장판 교체 비용도 추가로 부담했다고 말했다. 당분간은 세입자를 들이지 않고 빈집으로 둘 생각이라 손해가 이만저만 아니라고 기나긴 넋두리를 좀처럼 끝낼 줄 몰랐다.

한동안 묵묵히 그녀의 사연을 듣고만 있던 나는 민원의 요지가 무엇인지 물었다. 그녀는 자신의 억울함과 답답함을 달랠 길이 없으니 관리비에 포함돼 대납한 석 달치 TV 수신료 7,500원이라도 환불을 해줄 수는 없느냐고 하소연했다. 참으로 딱하고 난감했다. 해당 세대엔 TV 수상기가 한 대 등록돼 있었다. 고인이 된 세입자가 TV를 보았든 안 보았든 현행법상 수신료를 내야 했다. 그녀에게 방송법 조항을 들먹이며 수신료를 내는 게 당연하며 환불 대상이 아니라고 조목조목 설명을 하자니 너무 매몰차다는 생각이 들었다. 곁에 둘 사람조차 하나 없는 인생이 가장 빈곤하고 불행한 인생이라고 서은국 교수는 말했다. 임대 아파트의 납작한 골방 구석에서 홀로 세상을 등졌을 세입자의 불행과 그 불행을 대신 감당하며 온갖 뒤치다꺼리를 뒤집어쓴 그녀의 불행이 겹쳐서 전화선을 타고 내게로 전염되는 느낌이었다.

　세입자를 잘못 만나 억울한 불행을 덮어쓴 그녀에게 "환불은 불가능하니 그만 잊고 행복하시라"는 생뚱맞은 덕담을 하기보다는 좀 더 현실적인 보상이 필요해 보였다. 7,500원으로 다시 행복해질 수 있다면 작은 기쁨을 나눠 주고 싶었다. TV 수상기를 석 달 전에 폐기한 걸로 간주해서 수신료를 말소 처리하고 7,500원을 환불 조치하겠다고 나는 대답했다. 그녀는 한층 밝은 목소리로 고맙다고 웃으며 기나긴 통화를 마무리했다.

거대한 고독사

　KBS는 지금 세상의 외면 속에 쓸쓸히 고독사를 당하는 중인지도 모른다. 수신료 분리 징수라는 몹쓸 암종이 온몸에 전이돼 시한부 판정을 받은 말기암 환자 같은 신세였는지도 모른다. 분리 징수 정책이 현실로 닥쳤던 2023년 11월 KBS 구성원들은 윤석열 전 대통령 술친구라던 박민 전 사장을 구원의 메시아쯤으로 기대하는 맘이 적지 않았다. 생의 막바지에 몰려 지푸라기라도 잡아보자는 절절한 심정으로 온갖 민간요법을 전전하는 말기암 환자와 비슷한 처지였다. KBS 근무 경력은 물론 방송 업무와 전혀 관련이 없던 방송 문외한이었지만 그가 취임하면 분리 징수라는 윤석열 정부 정책 기조를 뒤집어 일말의 변화를 도모할 수 있을 것이라고 막연한 기대감을 품었다. 산소 호흡기를 차고 거칠게 마지막 호흡을 몰아쉬는 KBS 조직에 조금이나마 생명의 숨결을 불어 넣어 줄 수 있을지 모른다고 생각했다. 존립이 위태로운 절체절명의 위기 속에 구원투수가 될 수 있다는 절박한 열망을 품고 KBS 구성원들은 굴욕적인 외부의 낙하산을 묵묵히 받아들였다.

이는 너무나 순진한 발상이었다. 윤석열 정권의 목적은 언론 장악이 아니라 '언론 말살'이었다. 불가역적 방식으로 공영방송 경쟁력을 약화시켜 정권이 바뀌더라도 제 역할을 못 하게 만드는 게 목표였다. 공영방송 KBS를 파괴하는 데 앞장선 박민 전 사장은 윤석열 전 대통령 기대에 정확하게 부응한 가장 유능한 낙하산이었다. 그는 취임 이후 11개월 동안 수신료 통합 징수를 위해 아무런 노력도 하지 않았다. 대신 대대적인 인력 감축과 명예퇴직, 신규 채용 중단과 무급 휴직 실시로 조직의 손발을 뭉텅뭉텅 잘라

냈다. KBS의 간판 아나운서와 PD, 기자들은 줄줄이 퇴사했다. 인건비를 줄여 조직을 살리려는 시도는 단기적 미봉책이었을 뿐 근본적 해법은 아니었다. 인건비와 제작비가 크게 삭감돼 콘텐츠 경쟁력은 급속히 떨어졌고 해마다 수백억씩 재정 적자가 쌓였다. 핵심 인력들이 떠나자 시청자도 떠났고 광고주도 떠나갔다. 20%에 육박하던 KBS 뉴스9의 시청률은 5%대로 떨어졌다. KBS의 간판 시사 라디오 프로그램 청취율은 같은 시간대 MBC 경쟁 프로그램 청취율의 10분의 1도 안 됐다. 한국기자협회가 현직 기자들을 대상으로 한 여론조사에서 '가장 신뢰하는 언론사' 질문 항목에 3년 연속 3위권 이내에 있던 KBS는 속절없이 10위권 밖으로 밀려났다.

이어 등판한 '파우치 박장범'은 설상가상이었다. 빈사 상태의 KBS 관 뚜껑에 대못질을 박아 넣었다. 윤석열 탄핵 정국에 내란 세력을 옹호하는 방송을 고집하다 안팎으로 거센 비판과 질책을 받았다. 거대 야당 주도로 어렵게 국회 본회의를 통과한 수신료 통합 징수 법안이 두 번이나 대통령과 '권한대행'의 거부권(재의요구권)을 두들겨 맞는 동안 사장과 경영진들은 강 건너 불구경이었다.

그러나 윤석열 파면 이후 어렵게 국회 재의결을 통해 수신료 통합 징수 법안이 다시 가결됐다. 9회말 투아웃에 기적 같은 만루 홈런이자 말기암 시한부 환자의 극적인 생환이었다. 우연처럼 얻어걸린 행운을 경영진은 자신들의 치적인 양 포장하며 생명 연장을 도모하고 있다. 언감생심 떡 줄 사람은 생각도 없는데 수신료 인상을 운운하며 KBS 구성원들과 시청자를 한꺼번에 우롱하고 있다. 사회적으로 고립돼 생존 장치를 박탈당했던 공영방송의 거대한 고독사를 우리는 동시대에 목격할 뻔했다. 다시 한번 선물처럼 찾아온 공영방송 생존의 값진 기회를 또다시 갈등과 반목으로 헛발질할 수는 없는 노릇이다.

주홍 글씨

낙인(烙印)과 차별

"앞으로 앞으로 나아가세.

기쁨으로 해방 전선에 목숨을 바치자.

앞으로 앞으로 나아가라.

해방군 용사여. 최후의 한 놈까지

박살을 내고서…"

북한 조선 인민군 행진곡인 〈적군가(赤軍歌)〉의 한 소절이다. 작가 임철우의 첫 번째 소설집 『아버지의 땅』에 실린 단편 「곡두 운동회」는 6·25 전쟁 발발 직후 남녘 어느 바닷가 땅끝 마을에서 벌어진 서글픈 역사를 재현하고 있다.

　국가적 난리가 터진 지 한 달쯤 지난 어느 날, 인구 2천 명 남짓인 바닷가 소읍에 꼭두새벽부터 인민군 병력을 잔뜩 실은 육중한 군용트럭이 우렁차게 적군가를 외치며 진군해 들어온다. 요란스러운 확성기 소리에 새벽 단잠을 설친 주민들은 영문도 모른 채 하나둘 깨어나고 저마다 하얗게 겁에 질려 아연실색한다. 마을을 지키던 한 줌 군경은 모조리 어디로 도망을 갔는지 하룻밤 만에 온데간데없이 사라졌다. 평화롭던 어촌 마을은 눈 깜짝할 사이에 온통 해방군, 즉 인민군 세상으로 변해 버렸다. 까마득한 남쪽 마을 여기는 괜찮겠지 싶어서 하루 이틀 피난길을 미뤄 오다 끝내 사달이 나버린 것이었다.

　동네 유지라 불리던 읍장이나 우체국장, 조합장, 정미소집 주인, 경찰관과 그 가족, 예배당 목사 등은 이미 죽은 목숨이나 다름없다는 듯 사색이 되었다. 그러나 새벽의 정적을 깨뜨린 난리통에 오히려 만세를 부르며 거리로 뛰쳐나가 해방군을 환영하는 패거리들이 있었다. 소금 장수와 대장장이, 구두 수선공, 푸줏간집 곰보 사내 등 평소 천한 것들로 업신여김을 예사로 당했던 패거리들이었다. 조잡한 헝겊 쪼가리를 찢어 만든 완장을 하나씩 팔뚝에 둘러차고 마치 제 세상을 만난 듯 날뛰고 설쳐 댔다.

　마을 주민들에게는 즉시 서쪽 바닷가에 있는 학교 운동장으로 빠짐없이 모이라는 소집 명령이 내려졌다. 늦가을 볕 좋은 날만 되면 해마다 온 마을 사람들이 함께 모여 흥겹게 동네 운동회를 펼치던 바로 그 운동장이었다. 마을 주민들이 빠짐없이 끌려 나온 학교 운동장 풍경은 살벌하고 괴괴했다. 연단 위에 다부지게 서 있던 땅딸막한 체격의 인민군 군관은 해방된 세상과 반동분자 척결을 외치며 일장 연설을 쏟아 냈다. 운동장 주변엔 갈색 군복에 빨간색 계급장을 두르고 묵직한 소총으로 무장한 해방군 병사들이 싸늘한 눈빛을 내뿜으며 주민들을 에워싸고 있었다. 연단 아래엔 완장 찬 패거리들이 좌우로 도열해서 연신 만세를 부르고 박수를 쳐대며 새로운 세상을 격렬히 환영했다.

이윽고 벌어진 반동분자 선별 작업의 준엄한 심판관은 바로 그 50여 명의 완장 패거리들이었다. 소금 장수와 대장장이, 구두 수선공, 푸줏간집 사내 등은 공포에 질린 주민들에게 손찌검과 발길질, 몽둥이질을 예사로 해대며 읍장과 우체국장, 조합장, 소방관, 경찰관 등의 관리들과 그 가족들, 예배당 목사를 반동분자로 엮어서 빠짐없이 솎아 냈다. 철사줄에 두 손을 칭칭 감긴 채 끌려 나온 반동분자들은 곧바로 즉결 처형을 당할 가엾은 운명이었다. 온 마을 주민들을 대상으로 빠짐없이 치러진 선별 작업은 몇 시간째 계속됐다.

왼쪽, 오른쪽 손가락 하나로 생사가 판가름 나는 최후의 심판이었다. 운동장을 길게 가로지른 새끼줄 왼쪽으로 분류되면 사람들은 안도의 한숨을 뽑아내며 벙긋벙긋 웃음을 흘리기까지 했다. 그러나 새끼줄 오른쪽으로 끌려온 사람들은 염라대왕을 만난 듯 너나없이 온몸이 뻣뻣하게 얼어붙어 울상을 지었다. 저마다 억울함과 부당함을 호소하며 완장 패거리들에게 통사정을 해봤지만 돌아오는 건 싸늘한 조롱과 무자비한 주먹질, 몽둥이찜질뿐이었다. 정오쯤 반동분자 선별 작업이 모두 끝나자 땅딸막한 매부리코 군관은 팔을 높이 치켜들어 운명의 신호를 올렸다.

그 순간 요란스러운 사이렌 소리가 고막을 때렸다. 학교 정문으로 무장 병력을 잔뜩 실은 군용 트럭들이 굉음을 울리며 일제히 쏟아져 들어 왔다. "아, 이럴 수가⋯." 마을 사람들은 모두 탄식을 흘렸다. 그들은 아군 병사들이었다. 모조리 속임수였다. 마을에 잠입해 은밀히 암약하고 있는 좌익 불순분자들을 솎아 내기 위해 아군부대 병사들과 경찰들이 인민군 제복을 갈아입고 감쪽같이 적군 행세를 한 일종의 역할극이었다. 기세등등했던 완장 패거리들은 꼼짝없이 붙잡혀 줄줄이 끌려갔고 상황은 순식간에 물구나무를 섰다.

이후 해마다 7월이 되면 마을에선 한꺼번에 똑같이 제사상이 차려졌다. 이 소설은 1950년 7월 전남 완도군 일대에서 실제로 벌어졌던 나주 경찰서 소속 부대의 이른바 '함정 학살' 사건에 모티브를 두고 있다. 해당 지역에선 이미 악명이 높은 학살 사건으로 차범석의 「산불」이나 이청준의 「소문의 벽」에서도 일부 다뤄진 바 있다. 우스꽝스러우면서도 슬픈 민족사적 비극이었다.

여의도 운동회

현실은 때로 소설보다 더 소설스럽고 영화보다 더 영화 같다. KBS에서도 이런 소설스럽고 영화 같은 기괴한 일이 실제로 벌어졌다. KBS는 공영방송답지 않게 사실 외풍을 많이 타는 조직이다. 정치권에서 바람이 불면 바람보다 먼저 눕는 갈대 같은 조직이다. KBS 사장은 대통령이 임명한다. 사장 선임기구인 KBS 이사회가 사장을 선출하면 방송통신위원회를 거쳐 대통령이 임명장을 하사한다. 사장을 뽑는 KBS 이사들은 모두 11명인데 여당 몫이 7명, 야당 몫이 4명이다. 정당 추천을 받은 KBS 이사들 임명권은 방송통신위원회가 갖고 있다. 대통령과 방통위, 정치권에 겹겹이 예속돼 있는 사장과 이사회는 주요 본부장과 국장, 보직 부장 임명에 직접적인 영향력을 행사한다.

그래서 보수 정권이 집권하면 보수 성향 인물들이, 진보 정권이 집권하면 진보 성향 인물들이 주요 보직을 독차지하는 악습이 관행처럼 굳어져 반복되고 있다. 이를 정치적 후견주의라고 부른다. 정치권 바람을 몹시 타는 후진적 지배구조를 벗어나지 못하고 있는 것이다. 정권 친화적인 간부들의 독단과 전횡을 견제하기 위해 KBS 보도본부에는 〈기자협회〉가 조직돼 있다. 평기자 5백 60여 명이 가입돼 있는 자생적 직능단체다. 편성과 보도가 특정 정파에 치우치지 않고 공정성을 지킬 수 있도록 매일 아침저녁으로 국·부장단 편집회의에 기자협회장이 평기자들 대표로 참석해 취재 현장의 생생한 목소리를 적극 대변하고 반영하는 역할을 하고 있다.

나도 한때 기자협회장에 선출돼 날마다 아침 편집회의에서 국장, 부장들과 의견을 나누며 KBS 뉴스와 프로그램의 공정성과 중립성, 독립성을 지키기 위해 열심히 노력했다. 이런 노력이 방송에 고스란히 반영돼 KBS의 보도와 시사 기획 프로그램은 내·외부 전문가와 시청자 평가에서 줄곧 우수한 점수를 유지해 왔다. 최순실 국정농단 사태가 벌어지기 직전이었던 2016년 3월 박근혜 정권은 제20대 총선 승리가 절실했다. 레임덕을 막고 안정적인 정권 연장을 위해 국회에서 다수당을 확보해 국정운영의 동력을 지속하는 일이 무엇보다 시급했다. 그래서 집권 세력은 4월 제20대 총선 승리를 위해 매진했다.

박근혜 정권의 총선 승리 열망은 KBS 뉴스에 그대로 반영됐다. KBS 보도국은 저녁 메인 뉴스인 〈KBS 뉴스9〉를 통해 연초부터 총선 직전까지 북한 관련 보도를 약 520여 건, 하루 평균 6건 이상 쏟아 내 타 언론사보다 월등히 많았다. KBS 뉴스가 총선을 앞두고 노골적인 '북풍몰이'에 여념이 없다는 비판이 내외부에서 지속적으로 쏟아졌다. 공정성이 핵심인 총선 직전 KBS 보도는 언론·시민단체가 모여 결성한 〈총선보도 감시연대〉의 뉴스 모니터 보고서에 번번이 '나쁜 방송'으로 꼽힐 만큼 공정성과 균형감을 잃어 갔다.

이에 대해 KBS 기자협회는 내부에서 연일 비판 성명을 올리며 시정 조치를 강력히 촉구했다. 그러자 당시 보도국장과 부국장급 주간들, 주요부서 부장, 팀장 등 보직자들이 기자협회를 비난하는 내용의 반박 성명을 발표했다. KBS 기자협회가 정치 조직화됐으며 일종의 해사(害社) 행위를 하고 있다고 비판했다. 현직 간부들만 이름을 올리기에 면구스러웠는지 그 반박 성명서엔 평기자 120여 명이 실명을 올린 연대 서명까지 들어 있었다.

그 성명서에 이름을 올린 기자들은 스스로를 〈KBS 기자협회 정상화 모임(이하 정상화 모임)〉이라 명명했다. '정상화 모임'의 결성과 기자협회에 대한 비판 성명 발표 과정은 매우 비겁하고 졸렬했다. 보도본부의 최고 실세이자 인사권자인 보도국장과 주요 부국장단들은 평기자들에게 일일이 접촉해 자신들이 주도하는 반박 성명에 참여할지 말지 여부를 집요하게 캐물었다. 핵심 보직과 해외 특파원, 뉴스 앵커, 해외 연수 등 인사권자로서 줄 수 있는 당근을 제시하며 성명 참여를 독려하고 압박했다. 이미 현직에 있던 팀장과 부장, 앵커, 해외 특파원들에게는 성명 불참으로 받게 될 보직 박탈 등의 채찍을 넌지시 언급하며 회유하고 겁박했다. 이런 반강제적 과정을 거쳐 조직된 '정상화 모임' 참여 기자는 모두 129명이었고 끝끝내 회유를 거부하고 불참했던 기자는 430여 명이었다.

'정상화 모임' 성명 발표 이후 선택의 결과는 극명하게 엇갈렸다. '정상화 모임' 결성 직후 선발된 해외 특파원 12명 가운데 10명, 뉴스 앵커는 13명 전원이 이 모임에 이름을 올린 기자들이었다. 또 보도본부의 부장급 이상 보직자 60명 가운데 53명이 이 모임 참여자들로 채워졌다. 이 관제 모임 참여와 성명 발표에 불참했던 나는 앵커직을 빼앗겼고 한동안 주요 보직에 이름을 올리지 못했다. 이 모임은 당시 보도국장이 주도했지만, 박근혜 정권의 총애를 받던 사장의 직접적인 지시가 있던 걸로 나중에 파악됐다.

'정상화 모임'에 참여하고 서명했던 평기자들은 훗날 상당수가 양심에 가책을 느꼈으며, 참여를 거부했던 기자들은 향후 발생할지 모를 여러 가지 불이익 때문에 큰 스트레스를 받았다고 증언했다. 또 이후 벌어진 최순실 국정농단 사태 등 권력형 비리를 보도할 때 자기 검열에 빠져 제대로 된 고발 보도를 하지 못했다고 고백했다. 당시 보도본부 현직 간부들은 보도국 한복판에 굵은 새끼줄을 쳐놓고 오른쪽·왼쪽을 구분 지어 가며 대놓고 차별을 가하는 만행을 저질렀다. 평소에 같은 공간에서 얼굴을 맞대고 피와 땀을 나누던 멀쩡한 동료들 이마에 주홍 글씨를 선명히 박아 놓고 억압과 배제를 일삼았다. (실제로 이들이 관리하던 화이트 리스트와 블랙리스트 명단 자료가 엑셀 파일 형식으로 존재했으며 사후에 진상조사 과정에서 공개됐다.) 이같은 부당 조치와 차별적인 불공정 인사는 박근혜 정권 내내 지속됐다.

박근혜 전 대통령이 탄핵으로 물러나고 문재인 정권으로 교체되면서 이들이 저지른 각종 비위에 대해 전면적인 진상조사가 이뤄졌다. 이들은 직장 내에서 부당한 차별로 사내 질서를 어지럽힌 비위 사실이 인정돼 해임과 정직, 감봉 등의 징계를 받았다. 이

같은 조치가 부당하다며 법원에 징계 무효 소송을 제기했지만 서울 남부지방법원은 "정상화 모임 결성과 9차에 걸친 그 명의의 성명서 게시는 내외의 부당한 간섭과 압력으로부터 방송의 독립을 지키고 취재 및 제작의 자율성을 보장하는 피고(KBS)의 직장 질서를 저해하는 행위로 징계사유에 해당한다고 보는 것이 타당하다"고 판결했다. 이들의 심각한 차별과 배제 행위가 법원에서 모두 비위 사실로 인정돼 징계의 정당성을 재확인했다.

그러나 윤석열 정권이 들어서고 정치권이 다시 보수화되면서 이들은 과거 징계 전력을 훈장 삼아 완장을 두른 듯 박민 전 사장 체제에서 최고위급 보직으로 화려하게 복귀했다. 윤석열 전 대통령 탄핵 정국에는 내란 옹호 세력과 한 몸이 됐고 지금도 여전히 조직 내부에서 건재를 과시하고 있다. 적어도 KBS 내부에선 아직도 내란이 종결되지 못했다. 바람을 타지 않는 천년바위처럼 묵직한 공영방송 KBS의 존재를 우리는 언제쯤 맞이할 수 있을까? 시청자들에게 수신료를 내달라고 떳떳하게 요구할 자격을 언제쯤 갖출 수 있을까?

스물다섯 번째

부끄러운
자화상

때늦은 자기소개서

안녕하세요. 부끄럽지만 뒤늦게 자기소개를 해보려 합니다. 제 이름은 김철민, 나이는 58세, 직업은 31년째 방송기자랍니다. 고향집 주소는 경기도 양평군 양평읍 양근4리 528번지였죠.(지번 주소) 양평국민학교-양평중학교-양평종합고등학교를 졸업했구요. 고등학교 졸업 때까지 양평을 거의 벗어나 본 적이 없던 진짜 촌놈이죠. 1년에 한두 번 참고서(당시 '표준전과'라 불렀음)를 산다는 명목으로 중앙선 비둘기호 완행열차를 타고 청량리역에 내려서 근처 대형 서점을 방문하곤 했는데요. 청량리역 광장에 우뚝 솟은 시계탑이나 드넓은 광장을 가득 메운 구름 같은 인파를 볼 때마다 이내 기가 질려 버렸어요. 그래서 필요한 참고서만 얼른 구입하고 서둘러 돌아 내려오던 소심한 겁쟁이였답니다. 당시 청량리역 근처에는 '588'이라 불리던 거대한 집창촌이 있었는데요. 그 근처에 어슬렁거리던 험상궂은 아저씨들이나 표독스러운 아줌마들을 보면 행여 인신매매라도 당하지나 않을까, 겁에 질려 오금을 펴지 못할 정도로 순진했죠.

사회생활을 하다 보면 가끔 종합고등학교가 뭐 하는 학교냐고 묻던 분들이 더러 있었는데요. 설명하기 복잡하다 싶으면 저는 학력과 체력, 인성을 종합적으로 육성하고 가르치던 학교라고 대충 둘러대곤 했어요. 그런 명문 고등학교를 나왔기 때문에 제가 이렇게 훌륭한 사람이 된 것 아니겠느냐고 멋쩍게 너스레를 떨면서요. 사실은 실업계인 '농과'와 '축산과', 인문계인 '보통과'가 한데 묶여 있어 실업고와 인문고를 합쳐 놓은 형태의 고등학교였죠. 그런 학교를 당시에는 종합고등학교라고 불렀어요. 요즘 말하는 특성화 고등학교와 인문계 고등학교를 합쳐 놓은 형태쯤 되겠네요. 시골에 인구가 많지 않아 실업고와 인문고를 따로 설치할 정도로 학생 수가 확보되지 못하면 한데 묶어서 종합고등학교를 만들었다고 해요. 저는 대학 진학을 목표로 하는 인문계반 '보통과'에 속해 있었죠. 그냥 평범한 보통 수준의 학생들을 모아 놓은 반이라서 '보통과'라 불렀는지도 모르겠네요.

시골 고등학교 시절이 대개 그러하듯 특별한 추억이랄 게 변변히 없지만요. 지금도 잊을 수 없는 일이 하나 있답니다. 여름방

학마다 전교생들에게 강제로 할당되던 끔찍한 방학 숙제였는데요. 1인당 퇴비 1톤과 건초 200kg을 만들어 개학 며칠 전 지정된 날짜까지 반드시 제출토록 했어요. 다른 방학 숙제는 까다로운 검사도 없었고 내지 않더라도 별다른 제재 조치가 없었지만 퇴비와 건초를 제출하라는 숙제는 학년별로, 학급별로 명단을 만들어서 할당량 완수 여부와 제출 여부를 일일이 점검할 정도로 매우 엄격했어요.

특히 학교에서 깡패 또는 저승사자라 불릴 정도로 폭력을 마구 휘둘렀던 교련 선생님과 체육 선생님이 접수 창구에 저울까지 설치해 놓고 살벌하게 몽둥이를 휘두르며 지키고 있었기에 편법이나 꼼수를 쓴다는 건 상상도 할 수 없었죠. 퇴비나 건초를 잘 모르시는 분들도 있을 텐데요. 퇴비는 잡초를 베어 일정 기간 그늘에 쌓아 놓고 발효와 부패 과정을 거치게 한 농사용 비료구요, 건초는 잡초를 베어 햇볕에 바짝 말린 가축용 사료랍니다.

이게 왜 필요하냐면요, 종합고등학교에는 젖소와 한우를 키우는 거대한 축사가 있었고 벼농사, 밭농사를 짓는 거대한 실습 농장도 따로 있었어요. 농과와 축산과 학생들은 축사와 농장에서 실습교육 과정을 반드시 거쳐야 했는데요. 여기에 필요한 농사용 비료와 가축용 사료를 확보하기 위해 전교생의 노동력을 무상으로 착취했던 일종의 강제 동원이 바로 그 악명 높은 여름방학 숙제였죠. 아마 당시에도 비료나 사룟값이 비싸서 빠듯한 학교 예산으로 그걸 다 감당하기 어려웠을 수 있겠다는 생각이 들기도 하네요. 이 방학 숙제가 인문계 학생들에게 매우 부당한 지시임을 당시에도 느꼈지만 감히 반항을 하거나 거역할 엄두를 내지 못했죠. 저는 소심한 학생이었으니까요. 방학 숙제를 거부했을 때 돌아올 끔찍한 몽둥이찜질이 무서웠다는 게 더 솔직한 변명이겠죠. 그 시절엔 학교에서 교사들의 폭력과 체벌이 무시로 자행되던 야만의 시대였으니까요.

고등학생이 퇴비 1톤과 건초 200kg을 만드는 건 쉬운 일이 아니었죠. 뜨거운 여름날 몇 날 며칠을 들로, 산으로, 강가로 헤매 다니면서 잡초를 꼬박꼬박 베어 모았다가 쌓아 두고, 펼쳐서 말리는 버거운 노동이 필요했어요. 집에서 농사를 짓던 친구들은 큰형이나 삼촌, 아버지가 도와주면 하루 이틀 만에 뚝딱 해내기도 했지만요. 제 아버지는 면사무소 산하 상수도국 사업소의 말단 임시직 공무원인 데다 우리 집은 농사라고는 한 뼘도 짓지 않았기 때문에 누가 도와줄 사람도 없었죠. 쓸데없는 얘기를 왜 이리 길게 하느냐구요? 좀 더 들어 보세요. 퇴비와 건초를 만들어 내기 위해 제가 생각해 낸 방법은요. 농사를 짓는 집 친구와 함께 품앗이를 하는 것이었어요. 농사짓는 친구 동네에 찾아가서 함께 서툰 낫질을 해대며 며칠씩 잡초를 베어 내서 퇴비를 쌓고 건초를 만들었다가 정해진 날짜에 경운기에 잔뜩 싣고 학교까지 여러 번 왕복한 끝에 겨우 방학 숙제를 제출했더랬죠.

우연한 만남

농사짓던 친구네 시골 마을에서 구멍이 숭숭 뚫린 낡은 체육복을 입고 땀을 뻘뻘 흘리며 잡초를 베던 어느 날이었죠. 커다란 느티나무 아래 걸터앉아 친구와 잠시 고단한 숨을 고르던 순간에 마침 그 앞을 지나던 여고 동급생 L을 우연히 보게 됐어요. 당시 사춘기 까까머리 남고생들에게는 우상과도 같은 해외 할리우드 영화배우가 3명 있었는데요. 이른바 '책받침 사진 삼 대장'이라 불리는 미국 여배우 브룩 쉴즈(Brooke Shields)와 피비 케이츠(Phoebe Cates), 그리고 프랑스 여배우 소피 마르소(Sophie Marceau)가 바로 그들이었죠.

그런데 저는 L을 우연히 처음 마주친 그 순간 '책받침 삼 대장'을 합친 것보다 더 예쁘고 청순한 여학생을 눈앞에서 실물로 발견하고 말았어요. 숨이 멎는 것 같았는데 감히 말을 걸어 본다거나 제 소개를 하면서 아는 척을 해볼 생각은 꿈도 꾸지 못했어요. 잡초밭을 뒹굴던 제 몰골도 거지꼴이었고 성격도 타고난 소심쟁이였으니까요. 같이 풀을 베던 친구에게 나중에 이름만 겨우 물어서 기억하고 있었어요.

황순원의 소설 「소나기」처럼 시골 소년 소녀의 풋풋하고 순박한 첫사랑 같은 걸 기대하실 분이 혹시 있을지 모르지만 애석하게도 그런 일은 전혀 없었답니다. 가난하고 소심한 시골 촌놈 고삐리는 입시 공부 말고 딴생각을 할 겨를이 없었죠. 제가 갑자기 L

을 떠올리게 된 건 얼마 전 우연히 펼쳐 들었던 최은영 작가의 어느 소설 때문이었어요.

소설가 최은영은 정말 감성이 풍부한 작가예요. 만남과 헤어짐을 겪으며 펼쳐지는 인간의 미세한 마음을 어찌 그리 올올이 포착해 내는지 그의 소설을 읽고 나면 가슴속에 긴 여운이 남죠. 그의 두 번째 소설집 『내게 무해한 사람』에 수록된 7개의 단편은 순백의 우정과 사랑, 상실에 대한 이야기들인데요. 감정이 싹트고 자라나서 미묘하게 어긋났다가 차츰 파국에 이르는 과정에서 밑바닥에 숨어 있는 날것의 감정들을 아주 세밀하게 그려 내고 있죠.

특히 그의 단편 「고백」을 읽고 나서 저는 그때는 서툴러서 잘 몰랐던 마음을 뒤늦게 들켜 버린 것만 같아 부끄러움과 자책감이 훅 밀려왔어요. 이 소설에는 미주와 주나, 진희라는 고등학교 3학년 여학생 삼총사가 주인공으로 나오는데요. 서로에게 순수하고 무해한 그야말로 영혼의 단짝 같은 친구들이죠. 진희가 18번째 생일을 맞던 날, 삼총사는 함께 모여 즐거운 축하 파티를 열었는데요. 평소에 세심하고 배려심 깊은 성격의 진희가 난데없이 중대 결심이라도 한 듯 갑자기 이렇게 고백을 해요.

"할 말이 있어. (중략)"…
"너희를 속이고 싶지 않았어."
"난 여자를 좋아해. (중략)"…

"난 레즈비언이야. 얘들아."

미주와 주나는 당황스러워서 말문이 막혔어요. 생각지도 못했고 처음 겪어 보는 황당한 고백에 뭘 어찌해야 좋을지 어린 학생들은 몰랐던 거죠. 솔직하고 대담한 성격의 주나는 "우웩. 정말 역겹다"라고 말했고, 주나보다 소심했던 미주는 아무 말도 하지 못하고 진저리 치듯 고개를 저었어요. 철없던 여고생들이 별다른 생각 없이 즉흥적으로 날것의 감정을 그대로 뱉어 낸 것이었죠. 그렇게 헤어진 다음 날, 진희는 아무런 유서도 남기지 않은 채 돌연 자살을 해버려요. 가장 가깝고 무해한 사람들에게조차 배척당한 진희는 세상 어디에도 설 자리가 없었던 거죠. 환대받지 못하는 자는 사회에서 죽은 자와 같다고 하잖아요. 소설집을 읽으면서 제 가슴을 가장 서늘하게 칼질했던 문장은 바로 이거였어요.

"어린 시절에 함께 보낸 시간은 밀도가 다르다."

가장 믿었던 사람이 무심결에 말로, 몸짓으로 휘두른 칼날은 평생토록 회복이 안 될 만큼 가슴이 시리고 아프겠죠. 순수했던 어린 시절에 가장 밀도 높은 시간을 함께 보낸 사람에게 상처받고 배신을 당한다면 더욱 치명적일 거예요. 소설 속 진희의 맘이 그랬겠죠. 자기소개를 하다가 갑자기 소설 속 얘기로 잠시 횡설수설했는데요. 너그럽게 이해해 주세요. 사실 횡설수설이 제 특기이자 단점이거든요. 그럼 다시 본론으로 돌아와서 못다 한 자기소개를 마저 할게요.

고달픈 재수생

그해 저는 대입 시험에 실패하고 재수를 시작했어요. 요즘처럼 수학능력시험이 아니라 학력고사를 치르던 시절이었는데요. 제 점수로는 원하는 대학에 진학할 수 없었죠. 당시 대입 재수 명문학원은 단연 종로학원과 대성학원이었어요. 종합반 학원이라 불렀는데 대입 학력고사 전 과목을 학교처럼 관리하며 개인 시간을 통제하는 스파르타식 교육 체계를 갖추고 있었어요. 신입생을 선발할 때 영어와 수학 과목만 따로 시험을 치러 될성부른 떡잎들만 추려서 뽑았죠. 고등학생 시절 수학 포기자였던 저는 그 학원 입학시험을 치를 수 없었어요. 어째서 '수포자'가 됐는지 설명하려면 얘기가 또 삼천포로 흐르니까 나중에 시간이 허락되면 따로 말씀드릴 기회가 있을 거예요.

암튼 대학을 떨어져 재수를 시작하는 마당에 재수 학원까지 또 떨어지면 너무 비참할 것 같았어요. 입학시험을 치르지 않고 갈 수 있는 대입 재수학원은 개별 과목을 따로따로 신청해서 수강하는 방식의 단과반 학원밖에 없었죠. 각자 신청한 과목만 수강하면 일체 간섭이 없는 자유방임형 학원인데요. 단과학원 가운데 가장 유명했던 곳은 용산 후암동에 있는 대일학원이었어요. 당시 '국어에 한승수', '영어에 옥태일', '수학에 김화중' 같은 이른바 '일타 강사'들이 즐비한 학원이었죠. 요즘처럼 인터넷이나 온라인 강의가 없던 시절이라 일타 강사 과목을 매달 수강 등록하려면 전날 밤부터 학원 접수 창구 앞에서 꼬박 노숙을 하며 장사진을 치는 번거로운 과정을 매달 말일쯤이면 어김없이 반복해야 됐죠.

『한샘국어』와 『성문종합영어』, 『수학의 정석』, 『해법수학』을 달달 외우며 몇 번이고 문제를 반복해서 풀면서 고단한 재수 생활을 이어 가던 초여름 어느 날이었어요. 수업을 마치고 학원을 막 나서는데 학원 정문 앞에 고향에서 잡초를 베다 잠깐 스쳤던 여고 동급생 L이 저를 기다리고 있었어요. 고등학교 졸업 후 바로 직장생활을 시작했던 L은 뒤늦게 대입 재수를 하겠다며 마음을 고쳐먹고 주변 친구들한테 물어물어 제가 다니던 학원에 무작정 찾아왔던 거였어요. 아무런 약속도 없이 몇 시간째 저를 기다리고 있었죠. 아는 사람 하나 없는 북적거리는 재수학원 앞에서 L을 발견한 저는 최대한 용기를 짜내서 어색하게 아는 체를 했어요.

여기 웬일이냐고…? L은 뒤늦게 대입 재수를 결심했는데 뭘 어찌해야 좋을지 모르겠다며 제게 도움을 청했죠. 늦게 뛰어든 재수 생활이 곤란하지 않도록 저는 수강과목을 함께 고르고 수강 일정을 짜주면서 든든한 재수생 동지가 되기로 약속했어요. 매달 말일쯤 다음 달 수강 등록을 다시 하는 날이 되면 전날 밤부터 접수 창구 앞에 골판지를 깔아 놓고 함께 날밤을 꼬박 새우면서도 힘든 줄을 몰랐죠. 매일 오후 3~4시쯤 학원 수업이 모두 끝나면 함께 남산 꼭대기에 있는 국립중앙도서관까지 꾸역꾸역 걸어 올라서 폐관이 되는 밤 11시까지 하루도 빠짐없이 예습 복습을 했어요. 도서관이 문을 닫는 심야 시간이 되면 서울 야경을 무심한 듯 굽어보며 터벅터벅 서울역 앞까지 함께 걸어서 내려왔죠.

L이 살고 있던 서대문 어느 골목의 친오빠네 집까지 시내버스를 같이 타고 가서 안심 귀가를 확인한 후에야 다시 내 자취방이 있던 면목동으로 자정 넘어서 돌아오는 일상을 재수 생활 내내 몇 달간 반복했어요. 가끔 면목동으로 돌아오는 시내버스 막차를 놓쳐 한참을 걸어서 귀가하는 일도 있었지만 그게 힘들다거나 귀찮다는 생각은 한 번도 해본 적이 없었죠. 오히려 제가 당연히 치러야 하는 성스러운 과업이라 생각했죠. L은 힘겨운 재수 생활을 함께 버티는 든든한 동지였으니까요.

학력고사 시험이 일주일도 채 남지 않은 어느 주말 저녁, 고단한 재수 생활을 거의 마무리한 L과 저는 함께 비둘기호 저녁 열차를 타고 고향에 내려왔어요. 학원 수강 일정이 대부분 끝나 막바지 대입 총정리를 고향에 내려와서 마무리할 요량이었죠. 어둑해진 밤공기를 가르며 기차역에 내린 우리는 선선히 헤어지기가 못내 아쉬웠어요. 무심하게 흐르는 남한강 물살을 굽어보며 강둑에 나란히 걸터앉아 손을 꼭 부여잡고 L과 저는 굳게굳게 약속했어요. 대입 시험을 잘 치르고 좋은 대학에 들어가서 멋진 대학생으로 다시 만나 아름다운 인연을 꼭 만들어 보자고…. 무수한 생사의 고지를 함께 넘어와 최후의 일전을 앞둔 백마고지 전선의 병사들처럼 끈끈하게 맺어진 동지적 연대감을 애틋한 핑크빛 감정으로 승화시키기만 하면 되는 거였죠.

뒤늦은 반성문

현실은 잔인했어요. 행복한 상상과 달리 해피엔딩은 없었어요. 결과는 제 예상을 한참 벗어났죠. 그녀의 점수는 제 생각보다 한참 모자랐어요. 시험 당일 컨디션이 안 좋았던 건지 아니면 답안지를 한 칸씩 밀려서 썼던 건지 모르겠지만 L의 점수로 들어갈 수 있는 서울 소재 4년제 대학은 하나도 없었죠. 가끔 인생의 시계를 되돌릴 수 있다면 언제로 돌아가는 게 가장 좋을까 하는 부질없는 생각이 문득 들 때가 있잖아요. 만일 제 인생을 되돌릴 수 있다면 다시 돌아가고 싶은 순간은 바로 그때랍니다.

L의 속상한 맘을 따뜻하게 위로하고 공감해 주었으면 정말 좋았을 텐데 너무나 철없고 미숙했던 저는 그러지 못했어요. L의 점수가 한없이 부끄럽고 도무지 이해가 안 됐어요. 지난 1년 동안 꼬박 함께 애쓰며 공부했던 세월이 송두리째 부정당한 느낌이었죠. 그래서 저는 정말 해서는 안 될 말을 L의 면전에 뱉어 내고 말았어요. "창피하니까 다시는 연락하지 말라"고…. 대입이 지상 최대 과제였던 재수생의 좁은 세계에선 시험점수 몇 점 올리는 게

최고의 목표이자 최상의 가치였겠지만 지금 생각해 보면 그깟 시험점수가 도대체 뭐라고 그런 모욕과 상처를 대놓고 뱉어 냈는지 한없이 부끄럽고 죄스러울 뿐이네요.

이후 저는 진짜로 L을 단 한 번도 마주치지 못했어요. 다른 고향 친구들과도 연락이 끊어졌는지 지금도 L의 근황을 아는 친구조차 없구요. 철없던 그 시절 저는 L에게 도대체 무슨 짓을 저질렀던 걸까요? 힘들고 어려웠지만 순수했던 어린 시절에 밀도 높은 시간을 함께 보냈던 사람에게 깊숙이 베인 상처가 얼마나 아팠을지 저는 가늠조차 못 하겠어요. 소설 속 진희의 맘이 L과 같았을까요? 무슨 사죄의 말로, 어떤 위로의 감정으로 L의 상처를 치유할 수 있을까요? 자기소개를 끄적거리다 통절한 반성문을 써버리고 말았네요.

TV가 미워요

며칠 전 사무실에 걸려 온 민원 전화 한 통이 생각납니다. 파주시에 산다는 한 60대 아주머니셨는데요. 얼마 전 남편과 이혼을 하셨대요. 한때는 서울 강남에서 부동산으로 큰돈을 벌기도 했다는데 가정 내에 무슨 불미스러운 일이 있었는지 몰라도 오랜 결혼 생활을 정리하고 각자 새로운 인생을 살기로 하셨다네요. 불러 주는 대로 주소를 검색해 보니 파주시 외곽의 오래된 단독주택이었어요. 사진 지도로 다시 살펴보니 자주색 벽돌로 외벽을 두른 납작한 단층집이었는데 옥상 부분에 입힌 연노랑색 페인트 도색이 군데군데 벗겨지고 시커먼 얼룩이 번져 있는 걸로 봐서 관리가 제대로 안 되고 있는 느낌이었죠.

남편분이 평소 방 안에서 끼고 살던 TV만 쳐다봐도 울화통이 터진다며 TV 수신료를 말소해 달라고 하시더군요. 이혼한 남편분에 대해 미움과 분노가 가득하셨어요. 남편이 즐겨 시청하던 TV 수상기마저 꼴도 보기 싫을 정도로 마음의 상처와 배신감이 크셨던 모양이에요. 집에 TV 수상기가 있으면 TV를 시청하든 말든 수신료를 내야 한다고 조심스럽게 안내해 드렸더니 당장 와서 TV를 수거해 가든지, 아니면 직접 때려 부숴 버리겠다고 단호하게 말씀하셨어요. 너무 무거워서 들고 나가 내다 버릴 수도 없다면서요.

무엇이 그리 미움을 키웠는지 민망해서 더 여쭤볼 수 없었지만 가장 가깝고 믿었던 사람한테 받은 상처가 거대한 증오심으로 부풀어 올라 마음을 병들게 하고 있는 것 같았죠. 매달 청구되는 수신료 2,500원에 이혼한 남편을 투사하며 화병을 키우도록 방치해선 안 되겠다 싶었어요. 아주머니께서 TV 수상기를 직접 폐기한 걸로 간주해서 수신료를 말소 조치하겠다 말씀드리고 저는 조용히 통화를 마쳤어요.

구차한 호소

KBS는 과거에 한동안 국내 최고의 방송사였어요. 전문가·시청자 설문조사에서 매체 영향력과 신뢰도, 공정성에서 모두 1위를 차지해 3관왕을 내리 몇 년째 거머쥘 정도로 공영방송으로서 국민들 신뢰와 사랑을 한 몸에 받던 시절이 있었죠. 지금은 내란 옹호 방송으로 또는 빨갱이 방송으로 진보와 보수 세력 양쪽에서 뭇매를 맞고 있지만요. KBS 추락의 가장 큰 원인은 내부에 있답니다. 정치권력에 취약한 사장과 임원들이 권력자 눈치를 보며 사적 이익을 도모하는 탐욕과 굴종의 역사가 거듭됐기 때문이에요. 무한 신뢰와 사랑을 베풀었던 시청자들은 KBS의 타락에 큰 배신감을 느꼈고 이제는 아무런 기대감도 남아 있지 않은 것 같아요. 수신료 분리 징수 시행으로 KBS가 사상 최악의 위기를 겪고 있는 동안에도 외부에선 큰 관심이 없었어요. 제가 반평생을 몸담아 온 조직이 허망하게 무너져 가는데도 아무런 도움이 되지 못한다는 게 저는 너무 가슴이 아팠구요. 그래도 뒤늦게나마 윤석열 전 대통령이 파면되고 수신료 통합 징수 법안이 다시 국회를 통과해 기사회생의 전기를 마련했다는 게 불행 중 다행이에요. 토종 공영방송이 무너지고 넷플릭스나 디즈니, 유튜브 같은 OTT 세상이 도래하면 우리나라 방송산업 전체가 자생력을 잃게 될 수 있어요. 선정적이고 폭력적인 상업적 콘텐츠가 범람하고 방송산업 기반이 황폐해지는 거죠. 업계에서 쓰는 전문용어로는 '플랫폼 공동화'와

'콘텐츠 하청화'라 부르는데요. 글로벌 OTT가 번성하면서 방송산업이 몰락해 자국 문화의 정체성과 고유한 전통이 소멸돼 버리는 부작용에 몸살을 앓는 나라들이 실제로 적지 않답니다. 비록 KBS가 기대에 못 미치고 밉더라도 공영방송 본연의 역할이 아직은 꼭 필요하기 때문에 이대로 말라 죽도록 방치해서는 안 될 것 같아요. 송구스럽다는 거 잘 알지만 KBS에 딱 한 줌씩만 애정을 남겨달라 부탁드리고 싶네요. 자기소개를 한다더니 뒤늦은 넋두리만 주절주절 늘어놓은 구차한 반성문에 애처로운 호소문이 돼버렸죠. 죄송해요. 횡설수설이 제 특기라니까요.

아프다는 것에 관하여
(On being ill)

환자가 된다는 것

"아픈 시간은 뒤처지는 시간이다.
아픈 사람은 상실만을 경험한다."

자정부터 새벽 5시까지 꼬박 5시간이 어둠처럼 삭제됐다. 책장 뒷날개에 어느 작가가 보낸 추천의 말은 정녕 과장이 아니었다. "중간에 덮기 어려우니 다음 날 중요한 일이 있다면 펼치지 않길 권한다"고 했을 때 난 피식 코웃음을 쳤다. 객쩍은 비웃음은 이내 진지한 사유가 됐고 반짝이는 깨달음으로 번져 갔다. 수필가이자 번역가인 '메이'의 에세이 『아프다는 것에 관하여』는 아름답고

음악적인 책이다. 작가는 평생토록 겪고 있는 생생한 육체적 고통을 깊이 있는 사색의 언어로 한 단어 한 단어 음표처럼 정확하게 건져 올렸다.

작가는 원인 불명의 만성통증 환자다. 원인도 모르고 병명도 모르지만 증상은 선명하다. 열, 몸살, 만성피로, 근육통, 신경통, 아토피 발진, 결막염, 비염, 천식, 치통, 두통, 요통, 안면통, 림프샘 통증, 불면증, 신경계-면역계 이상 증후군… 작가는 '염증의 불꽃놀이 쇼'라고 말했다. 시시때때로 온몸을 관통하는 처절한 고통과 염증을 작가는 마치 남의 얘기라도 하는 듯 담담하게 풀어냈다. 자칫 상투적인 신파극이 될 뻔했던 고통스러운 비극에 촘촘한 풍자와 재미를 씨줄과 날줄처럼 올올이 엮어 냈다. 그래서 더 슬프고 더 재밌다. 병자이자 작가였던 동료들의 글을 소개하고 병자들의 인간관계를 탐색하며 쉴 새 없이 독자를 울리고 웃겼다.

여성학을 전공하고 저개발 국가의 국제개발 분야를 연구하며 해외 활동가로 한창 경력을 쌓아 가던 작가는 어느 날 갑자기 엄습해 온 만성통증과 염증에 굴복해 결국 몸이 쇠약한 중년의 독신 여성으로 주저앉고 말았다. 아픈 시간 때문에 인생을 낭비했고 상실을 겪었으며 뒤처지고 말았노라 고백했다. 지독한 육체적 고통보다 병자를 더 힘들게 하는 건 고립과 단절이라는 정신적 좌절이었다. 낮이고 밤이고 언제나 재생 중인 통증은 언어로 표현될 수 없고 감정으로 공유될 수도 없다고 했다.

엄존하는 고통을 표현할 언어의 빈곤과 소통의 좌절이 병자를 천길만길 죽음의 나락으로 추락시켰지만 의사도 부모도 형제도 친구도 이웃도 건강한 그 누구도 병자의 고통을 온전히 공감할 수 없었다. '긴 병에 효자 없다'는 옛말처럼 만성통증에는 언니도 엄마도 친구도 없었다고 했다. '어떻게 모를 수가 있지?'라는 병자의 애절한 호소는 주변 사람들을 갈수록 지치게 만들었고 결국엔 듣기 싫어했다고 말했다. 병자에겐 죽음과도 같은 절대 고립과 완벽한 단절을 이렇게 표현했다.

"모든 것이 무너져도, 아무것도 무너지지 않는다."

병자인 작가는 죽음을 맞이한 것처럼 일상의 모든 것이 무너져 내렸지만, 작가를 제외한 나머지 세상은 정교한 톱니바퀴처럼 아무것도 달라지지 않은 채 엄연하고 무심하게 돌아갔다. 세상은 타인의 고통에 철저히 무지했다고 작가는 절망했다. 죽음 같은 단절과 고립의 세계에서 작가를 구원해 낸 건 병자이면서 작가였던 동료들의 글이었다.

매독균이 척수까지 침입해 평생을 신경 매독에 시달리면서도 집필과 창작에 몰두했던 프랑스의 소설가 알퐁스 도데, 어김없이 반복되는 지독한 조울증에 고통받으면서 자살로 생을 마감했지만 끝끝내 아름다운 시와 소설을 남긴 영국의 시인 버지니아 울프, 위대한 병자들의 고통에 관한 경험담과 거기서 길어 올린 작품들이 작가에겐 구원의 빛이었다. '나만 이상한 게 아니고 나만

답 없는 게 아니었다'라는 깨달음을 통해 실낱같은 용기를 얻었다. 거기에다 "너, 짐 아니야. 짐인 적 없었어"라는 가족의 진심 어린 위로를 덧입혀 작가는 겨우 세상과 다시 연결될 수 있었다. "읽으면서 나았고, 나으면서 읽었고, 나으면서 썼고, 쓰면서 나았다"고 술회했다.

그래서 이 책의 부제는 '앓기-읽기-쓰기-살기'다. 우리를 고통 속에서 낫게 하는 구원의 말씀은 세상을 초월한 곳에서 들려오는 신의 목소리가 아니라 인간들 사이에서 바로 우리 안에서 오는 작은 공감과 진정한 위로 같은 것들이라고 작가는 힘주어 말했다. 이 책은 병자의 단순한 기록이 아니다. 치유와 우정, 구원과 해방에 관한 이야기다. 우리는 모두 아팠거나 아프거나 아플 것이다. 우리는 누구나 아픈 가족을, 친구를 갖고 있다. 아픈 사람을 덜 외롭게 하는 세상을 만들어야 되지 않겠느냐는 묵직한 울림을 작가는 던져 주고 있다.

환자와 가족에 대하여

팔순을 넘기신 나의 노모는 지난해와 올해 연거푸 큰 심장 수술을 받으셨다. 출가한 자식들에게 챙겨 줄 김장 김치를 홀로 담그느라 소금물에 흠뻑 절인 배추통을 홀로 옮기시다 심장 대동맥 내막이 갑자기 찢어졌다. 의학적 명칭은 '대동맥 박리'. 사망률

90%라는 대동맥 파열의 직전 단계였다고 의사는 사안의 심각성을 건조하게 설명했다. 응급실에 실려 간 노모는 전신마취 후 심장 혈관에 스텐트를 3개나 심는 대수술을 6시간 넘게 받으셨다. 올 초에는 좌심실과 우심실 사이에 심장 박동기라는 기계를 추가로 삽입하는 수술도 받으셨다. 중환자실과 회복실을 거쳐 수술 나흘 만에 산소 호흡기와 주삿바늘, 튜브, 배변줄 등을 온몸에 주렁주렁 달고 침대에 누워 입원실로 올라오셨다.

정상적인 의사소통은 입원 일주일이 다 돼서야 겨우 가능했다. 노모는 발병 직후의 통증과 수술 이후의 고통을 '가슴이 찢어진다'거나 '등이 빠개진다'라고 표현했다. 가슴과 등에 동시에 덮쳐 오는 날카로운 통증과 쓰라린 작열감을 '찢어진 상처를 헤집고 굵은 소금을 쳐대는 것 같다'고 비유했다. 나는 그 고통이 엄청날 것이라고 막연히 짐작만 했을 뿐 통증의 실체를 알지 못했고 공감할 수 없었다. 평생토록 말을 빚어내고 언어를 길어 올리는 데 능숙한 전문 작가들도 병자인 자신의 고통을 온전히 담아내지 못하는데 시골 촌부인 노모께서 동원할 수 있는 고통의 언어는 '찢어지거나 빠개지는' 정도가 아마 표현 가능한 최대치였을 것이다.

보름 만에 퇴원하신 노모는 한 봉지에 10알이 넘는 온갖 종류의 심장약을 하루 세 번씩 식후에 꼬박꼬박 챙겨 드셨다. 의사가 가르쳐 준 호흡 훈련과 재활 운동을 조곤조곤 따라 하셨다. 얼른 회복해서 경로당 어르신들과 꽃구경도 다니고 파크골프도 치겠다며 삶의 의지를 불태우셨다.

그러나 심장병은 그리 호락호락하지 않았다. 가슴과 등을 앞뒤로 파고드는 집요한 통증은 수술 직후부터 2년이 지난 지금까지 밀물과 썰물처럼 어김없이 지속됐다. 요즘 들어서는 통증의 주기가 더욱 짧아져 하루 종일 이어지는 느낌이라고 하셨다. 작가 메이는 "건강한 사람의 관심은 외부로 뻗어 나가지만 통증 환자의 관심은 내부로 수렴한다"고 말했다. '아픈 시간은 뒤처지고 무너지는 시간'이라고 표현했다. 나의 노모도 정확히 그러했다. 수술이 잘못된 게 틀림없다느니, 자다가 영영 일어나지 못할 것 같다느니, 쥐약이라도 삼켜 얼른 죽고 싶다느니, 사는 게 아무런 재미가 없다느니…. 내면에서 서서히 무너져 내리는 소리를 한탄하듯 자주 내뱉으셨다. 객지에서 각자 생활에 분주한 자식들이 밀린 숙제하듯 뜸하게 한 번씩 안부 전화라도 할라 치면 어김없는 추임새가 반복됐다. 지치고 바쁜 자식들은 듣기 싫어했고 병자인 노모는 홀로 고립되고 단절됐다.

봄볕이 부드러울수록, 바람의 온기가 간지러울수록, 초록빛 녹음이 생기를 띠며 반짝거릴수록, 고립된 노모의 내면은 절망의 나락으로 추락하고 있었을 것이다. 퇴근길에 미지근한 안부 전화라도 한 번 더 걸고, 주말엔 고향 집에 내려가 시덥잖은 농담이라도 한마디씩 던지며 덜 외롭게 해드리는 게 치유가 되고 구원이 될 수 있다는 걸 나는 진정 몰랐다는 말인가? 환자에 대한 관심과 위로, 유대감이 진정한 구원의 핵심이었다. 고통의 치료제는 진심 어린 공감이었다.

귓속에 부는 바람

나는 이명증(耳鳴症) 환자다. 귓속에서 날카로운 쇳소리와 사나운 바람 소리가 하루 종일 쉴 새 없이 울린다. 높은 음자리의 신경질적 울음소리가 양쪽 귀를 끊임없이 파고드는 만성 이명(耳鳴)이다. 의학적으로 이명은 청신경에 병적 손상이 생겨 외부음이 없는데도 환자에게만 어떤 종류의 소리가 연속적으로 들리는 것처럼 느껴지는 상태라고 정의한다. 왼쪽 귀는 젊은 시절 군대에서 아무런 보호장구도 없이 주·야간으로 K2 소총 사격 훈련을 할 때부터 시작됐고, 오른쪽 귀는 노화 때문인지 2~3년 전부터 아무런 이유 없이 생겼다.

병원에서 전문의는 정확한 원인을 모르니 치료도 어렵다고 했다. 난치병 아니 불치병에 가깝다고 했다. 스트레스나 과로가 원인일 수 있으니 마음을 좀 비우고 살라는 공자님 말씀도 덧붙였다. 이명에 너무 신경 쓰지 말고 소리에 적응하며 사는 법을 익혀야 한다고도 말했다. 직장에서 해마다 실시되는 종합건강검진은 몇 년 전부터 낮은 음역대의 경도 난청, 높은 음역대의 중고도 난청이라는 빨간 글씨와 함께 전문의 상담을 받으라는 결과 분석표를 어김없이 보내왔다.

전문의는 불치병이라는데 어디 가서 무슨 상담을 더 받으라는 건지 답답한 노릇이다. 당장 죽을 병은 아닌 것 같아 그냥 포기하고 살지 싶다가도 일상의 대화에서 자잘한 오해와 불편이 거듭되면 심란한 마음은 오락가락 널뛰기를 한다. '천 원짜리' 지폐를 좀 달라는 아내의 요구에 '청국장'을 어디서 찾느냐 되묻기도 하고, '할부는 몇 개월'로 하겠느냐는 단골 대형마트 계산원의 질문에 '바빠서 오랜만에 왔다'고 말하는 동문서답은 이제 예삿일이 됐다. 본의 아니게 주변 사람들을 당황하게 만들고 짜증 나게 할수록 자연스러운 대화가 어려워지고 자존감은 바닥을 헤맨다. 여러 사람이 모여 대화할 때면 멀리 있는 상대방 발음이 명확하게 들리지 않는다. 두 번 세 번 되묻다가 화제가 단절되고 난 눈치 없는 사오정이 된다. 말소리는 불현듯 커졌고 소곤소곤 속삭이는 방법을 점차 잊고 있다.

　목마른 사람이 우물을 파듯 실력이 있다고 소문난 어느 병원을 찾아 큰돈을 들여가며 신통하다는 고막 주사를 여러 번 맞기도 했다. 자율신경실조증이 이명을 일으킨다며 한 대에 30만 원이 넘는 신경 주사를 목덜미 양쪽에 몇 달간 꽂아 대던 의사도 있었다. 증상이 전혀 개선되지 않는다는 애처로운 하소연이 다달이 거듭되자 의사는 고개를 갸우뚱하며 더 이상의 치료는 의미가 없을 것 같다고 관찰자적 화법을 세상 귀찮다는 듯 심드렁하게 구사했다. 그동안 들어간 시간과 돈과 에너지와 절박한 기대감은 내 알 바 아니라는 듯한 사무적 말투에 나는 사람들이 왜 순간적으로 살인 충동을 느끼는지 이해할 수 있었다. 의사도 가족도 친구도 건강한 그 누구도 공감할 수 없다는 병자의 절대 고립과 완벽한 단절을 나도 조금은 알 것만 같다.

말기 시한부 중환자 KBS

KBS는 지난해 881억 원의 적자를 기록했다. 2023년에 645억 원, 수신료 분리 징수가 시행되기 이전인 2022년에 90억 원, 2021년에 72억 원, 2020년에 140억 원, 5년 연속 적자다. 수신료 분리 징수가 시행된 2023년부터 적자 폭이 눈덩이처럼 불어났다. 수신료 수입이 가장 크게 줄었고, 이 때문에 콘텐츠 제작도 부실해져 광고 매출이 덩달아 추락했다. 지난해 KBS의 방송광고 매출은 1,677억 원으로 SBS(3,111억 원), MBC(2,650억 원)의 절반 수준이다.

12·3 내란 사태와 윤석열 탄핵 정국으로 정치 상황이 불확실해지면서 국내 경제는 심각한 불황을 겪고 있다. 트럼프 집권 이후 미·중 간 관세 전쟁으로 세계 경제 불황이 맞물려 국내 광고 시장은 최악의 불경기를 맞이했다. 시청자들은 수신료를 안 내고 기업들은 광고 집행을 안 한다. 방송 시장 자체가 심각한 위기 상태지만 KBS는 유독 위태로운 중환자다. 수신료 분리 징수라는 치명적 독약이 전신에 퍼져 가파른 숨을 헐떡이고 있는 말기 시한부 환자다.

천만다행으로 2023년 6월 윤석열 전 대통령이 재가한 TV 수신료 분리 징수가 우여곡절 끝에 1년 9개월 만에 다시 통합징수로 되돌려졌다. 빈사 상태에 빠져 있던 중환자에게 심폐 소생기를 달아 힘겹게 인공 호흡을 시작한 셈이다. TV 수신료를 전기요금에 통합 징수하는 방송법 개정안이 2025년 4월 17일 국회 본회의에서 재투표를 통해 가결됐다. 국회 재석 의원 299명 가운데 찬성 212, 반대 81, 기권 4, 무효 2명으로 국회 재적의원 2/3를 넘는 압도적 수치였다. 윤석열 전 대통령이 2024년 8월에 한 번 거부권을 행사하고, 2025년 1월 최상목 전 대통령 권한대행이 또 한 번 거부권을 행사한 통합 징수 법안이 석 달 만에 다시 국회 본회의 재표결을 통해 구사일생으로 살아났다. 대통령 또는 권한대행이 거부권을 행사한 법안이 재표결을 통해 살아남은 건 22년 만에 처음 있는 일이었다. 당시 여당이었던 국민의힘에서도 20여 명의 의원들이 찬성표를 던졌다. 본회의에 앞서 열린 국민의힘 의원총회에서 일부 의원들은 수신료 통합 징수를 내용으로 하는 방송법 개정안에 당론으로 반대하자는 의견을 냈지만 여러 이견이 불거지면서 당 지도부가 자율 투표로 방침을 바꾼 덕분이었다. 윤석열 전 대통령의 탄핵과 파면이 당시 여당인 국민의힘에도 영향을 미쳤다.

　　TV 수신료 분리 징수의 시작과 끝, KBS의 치명적 몰락과 기적적 환생의 드라마틱한 역사는 윤석열의 출현과 퇴장 과정에 정확하게 수렴한다. "다 이기고 돌아왔다"느니 "3년이나 5년이나 별 차이도 없다"느니 흰소리로 그는 자다가 봉창을 두드렸지만 만일 5년이 됐더라면 KBS는 '백골이 진토되어 넋이라도 있고 없고…' 상태가 됐을 것이다.

　　TV 수신료 통합징수 법안이 가결된 다음 날 수신료국 민원전화는 산불을 만난 듯 뜨거웠다. 통합징수가 본격적으로 시행되기 전에 TV 수신료를 서둘러 말소 또는 면제 신청하려는 민원들이 봇물처럼 터져 나왔다. 공영방송의 비장한 몰락이 아무리 심각해도 세상은 타인의 고통에 철저히 무지하다. 이미 마음이 떠난 시청자들에게 공영방송의 몰락은 그저 남의 나라 일일 뿐이었다. 주변에 온갖 비극이 쏟아져도 세상은 평소처럼 무심하게 돌아간다. TV 수신료 통합징수가 다시 시행된다 하더라도 KBS의 미래는 장밋빛이 아닐 수 있다.

스물일곱 번째

'또라이'
질량 보존의 법칙

세상은 넓고 '또라이'는 많다

"…… 이 씨발.

— 네?

이 씨발놈아

— 뭐라고 하셨어요? 지금?

이 씨발놈아…… 소설 같은 소리하지 마.

— 하. 선생님. 왜 그러세요. 진짜. 제가 도와 드린다고요! 선생님.

저 진짜 선생님 좋아해서 도와드리고 싶은 것.

그 이유 하나예요. (생략)"

2024년 '젊은작가상'을 수상한 소설가 김남숙의 연작 소설 「파주」는 그의 단편 3개를 하나로 묶은 작품이다. 시시한 사람들의 시시한 인생을 그린 각기 다른 3편의 소설이 마치 하나의 이야기처럼 이음매 없이 매끈하게 풀려나간다. 대단한 기쁨도 거대한 슬픔도 없는 시시한 인생들의 이야기 3편에는 개성도 찬란한 3명의 '또라이' 혹은 '진상'이 각각 등장한다.

두 번째 소설 「그런 사람」에서 '나'는 한때 소설가를 꿈꾸며 문화센터 수강생들을 대상으로 소설 쓰기 수업을 담당했던 평범한 직장인이다. 이혼하지 않은 와이프가 있는 직장 상사와 몇 번의 연애를 했다가 '다 알면서 유부남을 꼬신, 어디서 굴러 들어온지 모르는 어리석은 애'로 소문이 나게 되고 곧 직장에서 퇴사한다. 문화센터 소설 쓰기 수업의 종강 파티에서도 술 취한 선배로부터 성추행을 당한다. 억울한 소문과 부당한 누명을 바로잡고 피해자와 가해자를 일목요연하게 나누려는 행위 자체가 추잡하고 '드러워서' 나는 멀리 떠나기로 결심한다.

그래서 도착한 곳이 서울에서 무려 3,870km나 떨어진 태국 중부의 작은 휴양도시 후아힌의 한 해변 리조트다. 시간이 약이려니 생각하며 눈뜨면 술이요, 눈감으면 잠자는 폐인 같은 생활을 석 달 넘게 지속한다. 한국 사람이 거의 없는 곳에서 망각과 치유의 시간을 보내던 '나'에게 뜬금없이 아는 체를 하며 '훅' 다가오는 사람이 갑자기 나타났다.

얼굴도 이름도 흐릿한 몇 년 전 문화센터 소설 쓰기 수업의 아저씨 수강생 하나가 선생님을 돕겠다며 숙소로, 카페로, 식당으로, 술집으로 '나'의 생활 공간에 무단 침입을 일삼는다. 선생님의 소설 창작과 재기를 돕겠다며 좋은 의도로 공간을 좁혀 오는 불청객은 '나'에게 아물어 가는 상처를 마구 헤집는 '진상' 스토커일 뿐이다. '나'의 기분은 아랑곳없이 거리감을 좁혀 오며 잊었던 예전의 아픈 기억을 다시 소환하게 만드는 그를 피해 '나'는 결국 서울로 다시 도망을 온다.

첫 번째 단편 「파주」에는 '등신 오타쿠 새끼' 같은 '진상'이 갑자기 등장한다. 3년 전 취사병으로 군 생활을 마친 정호는 파주의 LG디스플레이 단지에서 액정 검수 작업을 하는 공장 노동자다. 어느 날 어둑한 퇴근길 집 앞에 군대 취사병 후임이었던 현철이 뜬금없이 나타난다.

현철은 5년째 포켓몬고 게임에 푹 빠져 있는 게임 오타쿠다. 굼뜨고 지저분했던 현철은 취사병 시절 정호에게 당한 구타와 가혹 행위에 대해 복수를 하겠다며 다달이 백만 원씩 열두 달 동안 보상금을 지급하라고 요구한다. 거절하면 얻어맞은 당시 사진들과 의사 소견서를 공장에 뿌려 정호의 악행을 폭로하겠다고 협박한다. 정호는 현철에게 다달이 갚을 보상금을 더 벌기 위해 꼬박 1년 동안 야근과 주말 근무를 빽빽이 채우며 홀로 '개고생'을 감당해야 했다.

세 번째 단편 「보통의 경우」에는 어느 직장에나 존재한다는 '꼰대 진상'이 등장한다. 방송사 외주제작사 보조 작가이자 행정 잡무를 도맡고 있는 지수는 밥 먹듯 돌아오는 야근과 출장으로 심각한 스트레스성 탈모를 겪고 있다. 지수를 더욱 힘들게 하는 건 다큐팀 최고참인 노 PD의 꼰대스러운 '진상짓'이었다. 나이만 많고 실력 없는 노 PD는 지방 출장에서 돌아올 때마다 꾸깃꾸깃 진행비 영수증 뭉치를 지수에게 던져 놓으며 '융통성 있게' 일해야 메인 작가가 되고 정규 코너를 맡을 수 있다고 너스레를 떨어 댄다. 러시아나 필리핀 아가씨가 상시 대기한다는 노래바나 유흥주점 영수증을 은근슬쩍 진행비로 처리해 달라는 암묵적 강요를 당연한 듯 받아들여 하는 자신의 처지가 참을 수 없이 비참하다.

상식과 규범을 초월하는 '진상'과 '꼰대'는 세상천지에 널려 있다. 주변에 '꼰대'나 '진상'이 안 보이거든 혹시 내가 '진상', '꼰대'는 아닌지 되짚어 보라는 속설이 이른바 '또라이' 질량 보존의 법칙이다. 뜻하지 않은 상황, 예상치 못한 대목에서 '훅' 들어오는 도발에 맷집을 키워야 살아남는 세상이다. 시시하지만 시시하기 때문에 시시하게라도 어떻게든 살아 나가야 한다.

참된 '진상'을 만나다

하루 연차 휴가를 끝내고 출근한 어느 날이었다. 자리를 비운

하루 사이 내가 처리해야 될 수신료 민원이 9건이나 쌓여 있었다. 하나씩 차례차례 통화하며 민원인 요구사항을 해결하다 보니 어느덧 점심시간이 다 됐다. 옆자리 직원들이 "밥 먹고 합시다"를 복창하며 우르르 손을 털고 주섬주섬 사무실을 빠져나갔다. 어느새 홀로 남게 된 사무실엔 휑하니 적막감이 감돌았다. 오전 중에 9번째 마지막 민원을 처리하기 위해 전산에 표시된 민원인 연락처로 전화를 걸었다. TV 수신료 분리 징수를 신청해서 아파트 관리비와 별도로 TV 수신료를 개별 납부하는 세대였다. 수신료 전산망을 조회해 보니 10개월치 수신료에다 미납 가산금까지 붙어서 모두 25,630원이 연체돼 있었다.

민원 요지는 간단했다. 자신은 수신료 분리 징수를 신청한 세대인데 왜 아파트 관리비에 수신료를 함께 부과하고 있느냐, 즉 통합징수를 하고 있느냐는 얘기였다. 분명히 TV 수신료 전산망에는 매달 우편으로 수신료 청구서가 해당 세대에 직접 발부되고 있는 분리 징수 세대였고, 열 달째 미납 연체금이 쌓여 있는 것으로 거듭 조회됐다. 민원 내용이 사실이라면 아파트 관리사무소가 해당 세대를 관리비와 통합 징수하는 세대로 착각해서 업무를 잘못 처리하고 있다는 얘기였다.

잠시만 기다려 달라 양해를 구하고 아파트 관리사무소에 해당 세대를 문의하니 전혀 사실이 아니라고 답변했다. 해당 세대에는 관리비에 TV 수신료를 포함시켜 부과한 적이 지난 1년 동안 한 번도 없었다며 세대 관리비 명세서까지 직접 팩스로 보내왔다.

실제로 세대 관리비 명세서에 TV 수신료는 '0'원으로 찍혀 있었다. 관리비에서도 TV 수신료를 내지 않았고, 별도로 우편 청구된 TV 수신료도 열 달째 내지 않고 버티는 중이었다. 민원인에게 이런 사실을 안내하며 뭔가 착각이 있는 것 아니냐고 물었다. 그러자 민원인은 분명히 지난달 관리비에 TV 수신료 2,500원을 포함해서 냈다고 주장했다. 나는 해당 아파트 해당 세대의 민원인 이름을 거듭 재확인하며 관리사무소에서 보내 준 지난달 관리비 명세서를 주르륵 읊어 가며 읽었다. 일반관리비, 청소비, 경비비, 소독비, 승강기 유지비, 수선유지비, 건물보험료, 전기요금, 수도요금 등 20여 개 항목 개별비용 내역을 일일이 짚어서 알려 줬다. 그 가운데 TV 수신료 항목은 '0'원이라는 점도 거듭 확인시켜 줬다.

그러자 민원인은 돌연 태도를 바꿔 내 말투를 문제 삼기 시작했다. 본인은 평생토록 KBS에 TV 수신료를 한 푼도 낼 생각이 없다며 내 말투가 건방지다고 지적했다. 수신료를 안 내는 건 어쩔 수 없지만 체납액이 자꾸 쌓이면 통합징수가 시행된 이후엔 단전 조치가 될 수 있고 은행계좌가 압류되는 불이익이 생길 수도 있다고 안내했다. 그러자 민원인은 갑자기 전화기에 대고 '개XX', '18XX' 등을 언급하며 쌍욕을 마구 퍼부어 댔다. 나는 어안이 벙벙했다. 어찌 대꾸해야 좋을지 말문이 막혔다. 텅 빈 사무실에서 느닷없이 쏟아진 막말과 쌍욕의 소나기를 흠뻑 뒤집어쓴 내 머리는 순간 텅텅 비어 버린 느낌이었다.

이른바 블랙 컨슈머(Black Consumer), 손님인 것을 빙자해 각종 해악을 끼치는 자들을 지칭해 요즘은 '손놈' 또는 '진상'이라 부른다. 사농공상(士農工商) 체계가 확고했던 조선에서는 교양 수준이 낮은 상인들을 상놈(쌍놈)이라 부르며 천시하는 경향이 있었다. 특히 막돼먹은 사람을 진짜배기 상놈이라는 뜻의 진상(眞商)이라 불렀다는 일부 학설도 있다. 나도 그날 참된 '진상'을 만났다.

나라에도 '진상'이 있었다

내 고향 경기도 양평은 풍광이 빼어난 고장이다. 휴양림이 울창한 유명산과 청계산, 용문산 자락 아래 굽이굽이 남한강을 끼고 있어 높은 산세와 어우러진 수변 경관이 참으로 고즈넉하다. 남한강을 끼고 넘실대며 돌아가는 6번 국도는 연인들의 한적한 드라이브 코스로도 아주 인기가 높다. 강변 곳곳에 아담한 카페와 식당들이 올망졸망 들어서 있어 평일이건 주말이건 손님들 발길이 끊이지 않는다.

특히 북한강과 남한강이 만나는 양수리 운길산의 5백 년 고찰 수종사(水鍾寺)에서 수백 년 풍상을 겪어 온 아름드리 은행나무를 등지고 두물머리를 굽어보면 그 자체로 신선들이 노니는 한 폭의 동양화요, 진경산수화다. 일찍이 조선의 여러 문인과 묵객들이 '동방 제일 전경'이라 불렀을 정도로 일출과 일몰, 신록과 단풍, 운해와 설경이 사시사철 어느 때라도 아름답기 그지없다. 수백 그루 수양버들과 4백 살 넘은 느티나무가 늘어선 두물머리 물레길을 따라 걷노라면 울긋불긋 황포 돛대를 세운 조각배 한 척이 드넓은 강물 위에 부표처럼 허허로이 떠 있다. 만장을 펄럭이는 배다리를 건너면 발그레한 홍련과 새하얀 백련이 비단처럼 깔려 있는 세미원(洗美苑)의 고즈넉한 정취를 만날 수 있다. 물을 보며 마음을 씻고 꽃을 보며 마음을 가꾼다는 관수세심(觀水洗心) 관화미심(觀花美心)의 경지가 절로 우러나는 곳이다.

서울에서 1시간 이내에 다다르는 선계(仙界)의 풍광은 온갖 번뇌에 사로잡힌 도시인들에게 속세의 시름을 달래 주는 더 없는 안식처가 되어 준다. 사시사철 정겹고 애틋한 내 고향길 6번 국도는 그래서 언제나 나들이객들로 넘친다. 우회도로가 없는 외통수 길이라서 더욱 붐빈다. 특히 주말이나 연휴, 명절 때만 되면 양평은 물론 홍천, 춘천, 속초 등지의 강원도로 향하는 나들이객과 귀성 인파가 한데 몰려 6번 경강(京江) 국도 교통 정체는 전국적으로 악명을 떨친다.

그래서 양평 주민들의 해묵은 숙원 사업이 바로 6번 국도의 만성적인 교통난 해소다. 이 같은 주민들 염원과 국토 균형발전이라는 국가적 과제를 수행하기 위해 정부에서 추진한 사업이 바로 서울-양평 고속도로 건설이었다. 양평 주민들의 간절한 열망을 풀어 줄 숙원 사업에 난데없이 동티가 났다. 멀쩡히 잘 추진되던 사업이 윤석열 정부 출범 이후 김건희 일가 부동산 투기 의혹에 휘말리면서 갑자기 중단됐다. 고속도로 종점이 갑자기 바뀌면서 정권 차원의 비리 의혹이 제기됐고 국가적 논란으로 떠올랐다. 논란의 핵심은 예비타당성 조사까지 마친 고속도로 종점을 누가, 왜 갑자기 바꿨느냐는 것이었다.

　　서울-양평 고속도로는 2017년 '제1차 고속도로 건설계획'에 포함되면서 본격적으로 추진됐다. 상습 정체 구역인 국도 6호선의 통행량을 분산시키고, 서울 접근성을 높인다는 게 고속도로 건설의 핵심 목표였다. 경기도 하남을 출발해 양서면에 도착하는 27km짜리 짤막한 도로였다. 2021년 정부가 예비타당성 조사를 마칠 때까지는 별다른 문제가 없었다. 그런데 윤석열 전 대통령이 당선된 이후인 2023년 5월 갑자기 종점이 달라졌다. 민간업체 두 곳에 용역을 맡기더니 두 달도 안 돼서 고속도로 종점이 양서면에서 강상면으로 바뀌었다. 남한강 북쪽에 예정됐던 종점이 강남 갔다 돌아온 제비처럼 강 건너 남쪽으로 훌쩍 날아갔다. 상습 정체구역 양수리 두물머리로 향하는 국도 6호선에서 한참 멀어졌고 전체 노선의 절반이 굽이치며 변경됐다. 새로 바뀐 종점 강상면에는 공교롭게도 김건희 일가의 땅이 놓여 있었다. 종점 반경 5km 안에 김건희 일가와 가족 회사의 땅 29개 필지, 3만 9천여 제곱미터, 약 1만 3천여 평, 축구 경기장 5개 정도 크기의 땅이 존재했다.

　　진정 우연의 일치였을까? 종점이 변경될 당시 국토부 장관이었던 원희룡은 김건희 일가 땅의 존재를 전혀 몰랐다고 주장했다. 김건희 일가의 땅은 윤석열 전 대통령이 발표한 재산 공개 내역에 이미 포함돼 있을 정도로 공공연한 사실이었다. 원희룡은 국회에 나와 결단코 몰랐으니 '장관직'을 걸겠다며 고속도로 건설 사업을 전면 백지화한다고 어깃장을 놓았다. 지역 주민들 염원이나 국토 균형발전이라는 국가적 목표는 안중에도 없다는 듯 황당한 '진상짓'을 부렸다. 갑작스러운 종점 변경을 둘러싸고 당시 야당인 민주당이 비리 의혹을 제기했지만 감사도 수사도 제대로 진행되지 않았다. 국토부는 국회가 감사를 요청한 지 1년 반이 지나서야 자체 감사 결과를 발표했다. 공무원 7명이 징계를 받았는데 행정적 관리 소홀 책임만 물었다. 종점을 누가 왜 바꿨는지는 끝내 밝히지 않았다.

야당과 시민단체는 원희룡 전 국토부 장관을 직권남용 혐의로 공수처에 고발했다. 공수처는 2024년 7월 사건을 경찰에 넘겼다. 경찰은 윤석열 전 대통령이 파면되자 사건을 넘겨받은 지 10개월 만인 2025년 5월 국토부와 양평군청, 고속도로 용역업체에 대해 압수수색과 함께 강제수사에 착수했다. 당초 계획대로 진행됐다면 이 고속도로는 벌써 공사를 시작해 2033년에 개통될 예정이었다. 이상한 나라에서 벌어진 황당한 '진상짓'으로 사업이 중단되면서 2년째 한 발짝도 내딛지 못하고 있다. 이토록 몰염치한 '진상짓'이 빚어지도록 유도한 진짜 '진상'은 누구였을까? 지역 주민들 염원이야 어찌 되었든, 멀쩡한 고속도로도 졸지에 그냥 삭제해 버리면 그뿐인 세상에 우리는 살고 있다. 국정 운영이 말 그대로 '아니면 말고'였다.

작은 밀알이
될 수 있다면

 퇴근길마다 들렀던 집 근처 공공 도서관이 있다. 책을 읽고 글을 쓰며 마음을 다독이던 고요한 안식처였다. 2층 열람실 서가에 빼곡히 들어찬 무수한 장서들을 우러러볼 때마다 울창한 숲속의 미로 같은 산책로에 서 있는 느낌이 들었다. 간지러운 바람결에 잎새를 나부끼며 싱그런 풀내음을 털어 내는 나무들처럼 무수한 책들은 그곳에서 저마다의 향기를 뿜어내고 있었다. 세월을 버티어 낸 숲속의 거목 아래서 위안을 얻듯 오래된 책들을 다시 꺼내 읽으며 삶을 음미하고 탐색했다. 이토록 많은 말들이 시공을 뚫고 날아와 축적돼 있는데 나는 무슨 말을 더 보태려 하는가? 이 글은 세상에 나와서 어떤 가치를 지닐 수 있을까? 질문을 거듭해도 답을 찾기 어려웠다. 그러다 문득 펼쳐 든 어느 책에서 작가는 출간이라는 행위가 쪽지들의 바다에 쪽지 하나를 더하는 느낌이라고 말했다. 내가 세상에 건넨 이 쪽지 하나가 누구에게든 전해져 공영방송의 미래 또는 TV 수신료의 가치에 대해 진지한 논의를 시작하는 데 작은 밀알이 될 수 있다면 그것으로 족하겠다.

스웨덴의 세계적 통계학자이자 공중보건의사, 인기 강연자인 한스 로슬링(Hans Rosling)은 저서 『팩트풀니스(Factfulness, 사실충실성)』에서 우리가 세상을 인식할 때 줄곧 오류에 빠지는 10가지 본능을 지적했다. 실체적 진실을 외면하고 이성적 사고를 방해하는 인간의 10가지 착각을 분석했다. 과도한 공포와 부정, 섣부른 일반화와 다급함, 단일한 관점 등과 같이 대부분 진화론적 토대에서 발현된 인간의 거대한 착각은 인류의 생존과 번영에 일정 부분 기여했지만 세상을 객관적으로 파악하는 데 커다란 걸림돌로 작용한다고 설명했다. 우리가 공존하며 지켜야 하는 지금의 이 세상은 '상황이 나아지고 있지만 여전히 나쁘고, 아직도 나쁘지만 꾸준히 나아지고 있다'고 진단했다. 세상을 과도하게 극적으로 바라보는 심각한 무지에서 벗어나 세상을 있는 그대로 바라보면 거대한 도전과 위기를 담담하게 극복할 수 있다고 잔잔한 희망을 제시했다. KBS의 상태가 여전히 심각하지만 꾸준히 나아질 것이라고 믿는다. 오래된 숲속에서 위안을 얻는 사람들이 존재하듯 KBS에서 안식을 구하려는 사람도 여전히 존재할 것이다.

재·수·없·는 KBS
KBS 9시 뉴스 앵커가 직접 TV 수신료를 걷는 이유

글 김철민
발행일 2025년 7월 15일 초판 1쇄

발행처 디페랑스
발행인 노승현
책임편집 민이언
출판등록 제2011-08호.(2011년 1월 20일)
주소 서울특별시 마포구 양화로81 320호
전화 02-868-4979 팩스 : 02-868-4978

이메일 davanbook@naver.com
인스타그램 @davanbook

ⓒ 2025, 김철민
ISBN 979-11-94267-34-8 03300

* 「디페랑스」는 「다반」의 인문, 예술 출판 브랜드입니다.